三全育人

"一站式"学生社区综合管理手册

主编：宋艳春　母则闯

① 用心育人　安全在线

参编人员：陈志峰　政　娜　沈培鑫
　　　　　傅秋生　林德明　罗煌璋

厦门大学出版社　国家一级出版社
XIAMEN UNIVERSITY PRESS　全国百佳图书出版单位

图书在版编目（CIP）数据

三全育人："一站式"学生社区综合管理手册 / 宋艳春，母则闯主编. -- 厦门：厦门大学出版社，2024.9. -- ISBN 978-7-5615-9479-7

Ⅰ. G717.4-62

中国国家版本馆 CIP 数据核字第 2024UQ0792 号

责任编辑	王洪春　张　洁
策划编辑	张佐群
美术编辑	蔡炜荣
技术编辑	朱　楷

出版发行　厦门大学出版社

社　　址	厦门市软件园二期望海路 39 号
邮政编码	361008
总　　机	0592-2181111　0592-2181406(传真)
营销中心	0592-2184458　0592-2181365
网　　址	http://www.xmupress.com
邮　　箱	xmup@xmupress.com
印　　刷	厦门市明亮彩印有限公司

开本	889 mm×1 194 mm　1/32
印张	14.5
字数	330 千字
版次	2024 年 9 月第 1 版
印次	2024 年 9 月第 1 次印刷
定价	48.00 元（共 6 册）

本书如有印装质量问题请直接寄承印厂调换

前　言

在这个信息爆炸、社会变革的新时代，大学生作为国家的未来和希望，其安全问题日益受到社会各界的关注。作为培养高素质人才的高等学校，我们深知安全教育对于大学生成长的重要性。因此，我们编写了这本《用心育人　安全在线》，旨在帮助大学生增强安全意识，提高防范能力，确保自身安全。

本书紧密围绕大学生在校期间可能遇到的各种安全问题展开，涵盖了国家安全、校园安全、人身安全、出行安全、网络与信息安全、环境安全等多个方面。通过理论阐述和案例分析，我们希望能够引导大学生从思想上重视安全，从行动上落实安全，切实增强自身的安全意识和防范能力。

同时，我们也希望这本书能够成为大学生日常生活中的良师益友。无论是在校园内还是校园外，无论是在学习中还是生活中，时刻关注安全，珍爱生命。

最后，我们衷心希望每一位大学生都能够认真阅读本书，深入理解安全教育的意义和内涵，将安全意识内化于心、外化于行。同时，我们也期待社会各界能够共同关注大学生的安全问题，共同为营造安全、和谐、稳定的校园环境而努力。

让我们携手共进，为大学生的安全保驾护航！

目 录

第一篇 国家安全 1

第二篇 校园安全 4
    第一节 饮食卫生安全 4
    第二节 化解纠纷，防止斗殴 6
    第三节 认清吸烟酗酒的危害 9
    第四节 校园防盗 11
    第五节 常见传染病防控 14

第三篇 消防安全 17
    第一节 常见消防安全隐患 17
    第二节 火场的自救与逃生 21
    第三节 灭火的基本方法 26
    第四节 常用灭火器的使用方法 29
    第五节 电梯受困的自救 33

第四篇 人身安全 37
    第一节 谨慎交友 38

	第二节	远离毒品	41
	第三节	游泳安全	44
	第四节	女生自我保护	46
第五篇	出行安全		50
	第一节	步行安全	50
	第二节	骑行安全	53
	第三节	乘车安全	55
	第四节	自驾车安全	57
	第五节	旅游安全	60
第六篇	网络与信息安全		63
	第一节	个人信息安全	64
	第二节	国家信息安全	67
第七篇	环境安全		70
	第一节	地　震	70
	第二节	台　风	72
	第三节	雷　电	74
	第四节	暴　雨	77
	第五节	洪　水	80
附录一	《中华人民共和国治安管理处罚法》	82
附录二	《学生伤害事故处理办法》	110

第一篇　国家安全

  2015年7月1日全国人大常委会通过了《中华人民共和国国家安全法》，国家安全是指国家政权、主权、统一和领土完整、人民福祉、经济社会可持续发展和国家其他重大利益相对处于没有危险和不受内外威胁的状态，以及保障持续安全状态的能力。简而言之，国家安全涵盖了政治、经济、文化、社会、生态等多个领域，是确保国家稳定、繁荣和持续发展的基石。

  在21世纪的今天，国家安全不仅仅是一个抽象的概念，更是与我们每个人息息相关的重要议题。作为新时代的大学生，了解并维护国家安全是义不容辞的责任。作为社会的新鲜血液和国家的未来栋梁，大学生的言行举止直接关系到国家的未来。在学习、生活、工作中，大学生应当时刻保持警惕，防止泄露国家机密，防范网络攻击，维护国家安全。同时，大学生也应当积极参与国家安全教育活动，增强自身的安全意识和防范能力。

一、案例警示

案例回放一

  河北某高校新闻系学生田某长期收听境外反华媒体广播节

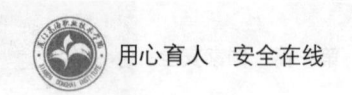

目,经常浏览境外大量有害政治信息,逐渐形成反动思想。2016年1月,田某开通境外社交媒体账号,开始与境外反华敌对势力互动,接受"民主宪政"理论的影响,并涉嫌煽动颠覆国家政权。

▶ 案例分析

本案例中,田某的行为已涉嫌煽动颠覆国家政权罪。这一案例反映了部分大学生在政治思想、国家安全意识方面的严重缺失。高校应加强对大学生的政治思想教育,引导他们树立正确的国家观念、政治观念,增强国家安全意识,防范境外敌对势力的渗透和破坏。

案例回放二

广西一名大学生何某在某网站上无意中发现并下载了暴恐音视频,因学习压力大而将其作为解压方式观看。随后,他开始利用翻墙软件下载更多暴恐音视频到手机中,共计64部。这些音视频包括国外战乱地区的枪械射杀、冷兵器砍杀等暴力血腥内容,其中1部还涉及恐怖组织宣传极端恐怖主义的内容。

▶ 案例分析

本案例中,何某的行为已涉嫌非法持有宣扬恐怖主义、极端主义物品罪。这一案例凸显了大学生在网络安全意识、辨别能力方面的不足,也反映了部分大学生在应对学习压力时的不当选择。高校应加强网络安全教育,引导大学生正确面对压力,提高识别和抵制不良信息的能力。

二、如何在日常生活中维护国家安全

作为新时代的大学生,同学们要始终如一地树立国家利益高

于一切的观念，自觉增强国家安全意识，努力提升维护国家安全的主动性。

（1）认真学习、掌握国家安全的相关法律法规，增强防范意识与能力，明确合法与违法、可为与不可为，把自己的言行建立在自觉维护国家利益的基础上。

（2）防止网络泄密，及时更新杀毒软件，加强对病毒的防范，不要把涉密信息随意发布到互联网上，管住自己指尖上的网络信息安全。

（3）理性表达爱国情感，在社交平台上保持头脑清醒，不被不怀好意的人挑唆、激将、离间，不发布不当的言论或照片。

（4）注意防范境外敌对势力、间谍的各种策反手段，如金钱收买、物质利诱、色情勾引、感情拉拢以及所谓的资助留学、帮助出国等，保持高度警惕，提高鉴别能力，莫贪小利而失大节。

（5）如发现任何危害国家安全的情况和线索，可拨打12339，向国家安全机关举报。

用心育人　安全在线

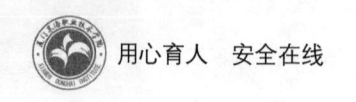

第二篇　校园安全

第一节　饮食卫生安全

民以食为天,食以安为先,保障校园饮食安全刻不容缓,让我们一起手牵手维护食品安全,心连心构筑安全校园。饮食卫生安全直接关系到广大人民群众的身体健康和生命安全,是重大的基本民生问题。人人都需要安全的食品,人人都要维护饮食安全。那么现在让我们了解一下什么是食品安全吧!食品质量安全是指食品质量状况对食用者健康、安全的保障程度。食品安全包括食品污染导致的质量安全、食品工业技术发展所带来的质量安全、滥用食品标识等问题。夏季气温高、空气湿度大,细菌容易滋生,食物容易腐烂变质,是食物中毒高发、频发季节。

一、案例警示

案例回放一

某学院学生因夏日炎热,饮食不规律,冷饮与肉类食物混吃,冷热交替,出现腹泻、呕吐、四肢乏力等症状,后到医院

就诊。

▶ **案例分析**

一冷一热的吃法很容易造成胃部消化不良，刺激胃部血管收缩，减缓胃肠蠕动，减少消化液分泌；消化道内温度下降，消化酶活性也会下降。胃肠道受寒冷刺激后蠕动会加快，进食的水分和食物来不及消化吸收，从而导致腹泻。

案例回放二

某高校食堂发生食物中毒事件，导致数十人就诊。初步调查显示，事件的原因是违规使用过期和不合格的食材。同时，其厨房水温、食品储藏条件及员工的消毒操作存在问题。

▶ **案例分析**

此事发生后，学校反复检查，发现学校食堂存在不少食品安全隐患。食品加工及人员消毒等环节操作不规范是主要原因。食品加工是每日工作中的重要环节，大学食堂必须保证食品加工的卫生条件和员工行为符合规范。同时，大学食堂的食材储存需要规范管理，过期食材不能用。

二、学生饮食卫生安全常识

（1）不去校园周边卫生条件较差的路边摊购买食品，尽量少吃油炸、烟熏、烧烤的食品。

（2）生吃的蔬菜、瓜果之类的食物要去皮或洗净表皮上的残留农药，最好在清水里浸泡半小时后再食用。

（3）在商店选购食品时，应注意有无生产厂家及生产日期，不食用无标签或非正规生产厂家出产的包装食品，不食用过期变质的食品和病死的禽、畜，不吃无卫生保障的生食食品。

（4）食用鱼、虾、肉、蛋、奶等食品时必须保证选料新鲜、干净，不吃隔夜变味的饭菜，尽量少吃或不吃剩饭菜。如果吃剩饭菜，一定要彻底加热，防止细菌性食物中毒。

（5）要注意个人卫生，养成饭前便后洗手的良好习惯，尽量不要用手直接接触食物，预防肠道寄生虫病的传播。

（6）坚持一日三餐，做到有规律进食，不暴饮暴食。

（7）多喝白开水，少喝饮料，一些饮料如可乐、芬达等含有防腐剂、色素，经常饮用不利健康。

第二节　化解纠纷，防止斗殴

高校中出现打架斗殴事件，绝大部分是因为同学之间一些小的矛盾纠纷没有得到及时化解而酿成的。尤其是酗酒后寻衅滋事、打架斗殴比较多。当代大学生应当是政治方向坚定、思想品德高尚、富有创造精神的一代新人。大学生如果总是争争吵吵、打打闹闹、纠纷四起，不仅贬损了自己的人格，而且玷污了大学生这一光荣称号。尽管闹纠纷的是少数几个人，但影响的是整个大学生群体的形象。同学之间、师生之间、朋友之间真诚相处、和睦团结十分可贵，它不仅可以使你感受到集体的温暖，在良好的环境中培养自己良好的品德，而且可以从他人身上得到帮助，受到启发，以增长自己的学识，提高为人处世的能力。而"内战"四起、纷争不休，只会伤害感情，削弱友谊，破坏团结，瓦解集体。在这种环境中，一旦养成互不信任、怀疑猜

测、逞强好斗的不良习惯，将会影响自己成才。有的纠纷如果没有及时止损，没有得到合理解决，则可能造成严重的后果。恋爱纠纷可能使人丧生，同学纠纷可能使人镣铐加身，家庭纠纷也可能酿成血案。纠纷是刑事、治安案件的温床，纠纷是破坏安定团结的蛀虫。我们应当引以为戒，牢牢记住他人给我们留下的教训。

一、案例警示

案例回放

某校大二学生 A 和大一学生 B 因篮球结识，后因学生 B 欠学生 A 1500 元钱无力偿还，因而发生矛盾，A 多次催讨未果。2021 年 4 月 14 日晚上 10 点左右，A 邀约 8 名同学（不同班级，其中有 2 名班干部）为其壮胆，前往 B 同学寝室要钱，8 名同学不问青红皂白，立马随之一同前往。到达 B 同学寝室后，A 出手打了 B 耳光，并拳打脚踢，声称不还钱就要拿走 B 的手机抵账。后 B 同学的室友们凑齐 1500 元给 A，A 才带着 8 名同学离开。A 一行人离开后，B 同学的室友向辅导员打电话说明情况，随后双方辅导员、值班老师前往现场处置，并送 B 去医院检查。事后，A 同学赔偿了 B 同学医药费和精神损失费，学校对相关学生给予了处分。A 同学为要欠款带人到他人寝室并动手打人，造成 B 同学轻微伤，学院给予 A 同学留校察看处分。随行的 8 名同学没有正确立场，是非不分，学院给予通报批评，2 名班干部被撤销职务。

▶ 案例分析

"君子之修身也，内正其身，外正其容。"新时代的大学生

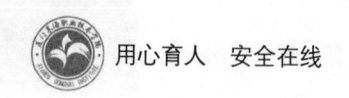

更应当志向高远，规言行，明举止。案例中，A和B因篮球结缘，后因经济纠纷而使原本纯粹的同学情谊变质，其他8名同学因为所谓的朋友义气参与了A同学的暴力催债行为。大学生在交友过程中应当学会拒绝，学会分辨，主动结交积极向上且充满正能量的同学。在面对不良行为时，要主动说"不"，违背原则的事情坚决不做，规范自身言行举止。

二、如何预防纠纷、防止斗殴

（1）冷静克制，切莫莽撞。

（2）诚实谦虚。

（3）注意语言美。

（4）防止突发性斗殴的"偏方"——说服术。

（5）防止报复性斗殴的方法——攻心术和暗示效应。

（6）防止演变性斗殴。

（7）防止群体性斗殴。

三、当遇到打架斗殴时怎么办

（1）不围观，不起哄，不介入。

（2）如果你想劝解，应当先问明情况，站在公正的立场上做双方的工作。若劝解无效，应迅速向学校有关领导或保卫部门报告，以防事态扩大。

（3）打架的一方如果是你的同学或熟人，在劝解时要主持公道，不可偏袒。在采取隔离措施时，应当首先拉自己的同学或朋友，以免被对方误解，或者将你当作对方的"同伙"而受到

伤害。

（4）当学校有关部门调查打架真相时，现场目击人要勇于出来向有关部门提供线索和证据，以保护受害人的合法权益，使肇事人受到惩处。见义勇为是每一个公民应有的品德。

第三节　认清吸烟酗酒的危害

烟草危害是当今世界最严重的公共卫生问题之一，世界卫生组织已将烟草危害列入重点控制领域。日常生活中，未熄灭的烟头极易引发火灾。因此我们必须重视由吸烟引发的安全问题，呼吁同学们开启"校园禁烟模式"。

酗酒问题无论是在校园内还是在社会上，处理都比较复杂。解决这个问题需要各方合力，共同育人。首先从生主观上讲，学生要认识到酗酒的危害性，珍爱生命，履行好自己是自身安全的第一责任人的职责。其次从客观上讲，可以发挥好班干部、家长、社会的引领示范作用，重视教育与引领。最后就校园、社会而言，要营造积极文明高雅健康的氛围，加大对酗酒问题的治理力度。

一、案例警示

案例回放一

某高校一男生宿舍突发火灾，调查结果显示系二楼某男生边吸烟边寻物，烟灰掉落在书桌可燃物上所致，初步鉴定为吸烟遗留火种引发火灾。消防救援人员到场后，实施警戒的同时，立即进行灭火，经过 20 分钟，大火被扑灭，造成的财产损失达数万余元。

▶ 案例分析

新时代的大学生是校园文明的建设者，亦是校园文明的受益者，应及时对寝室里抽烟说"不"，宣传吸烟有害健康的知识，自觉遵守公共场所消防安全的规定，珍爱生命，倡导文明行为，营造健康、绿色的学习生活环境，打造真正的安全校园、文明寝室。

案例回放二

某高校一大一男生寝室共 6 人，每月趁周末放假会组织安排一次聚餐，加深感情。这个周末一行人照例来到一家餐馆，愉快地聚餐，吃着美食，学着大人的模样端着啤酒杯。本想小酌一下，谁把在推杯换盏中王某逐渐酒醉迷失，喝完啤酒之后，不顾身旁人劝说又连干几杯高度白酒，直至醉倒在饭桌旁。起初大家都大意了，以为他只是喝醉睡着了，就忽视了他。直至聚餐结束，晚上 9 点多一行人打车回到学校，下车时却发现怎么都叫不醒瘫软的王某，其他室友这才觉得情况严重，赶忙将王某送往学校旁边的社区医院。

▶ 案例分析

大学生酗酒问题是当前高校中较频繁发生且不可忽视的大学生日常行为习惯规范的问题。这同时也涉及学生的生命安全教育问题，作为教育者要注重在日常的生活和学习中，关注大学生的日常行为习惯以及不良习惯的矫正，营造有利于大学生健康成长的环境。本案例发生在周末，从学生晚上聚完餐回校至晚上 9 点

多学生瘫软无力被送进医院，这期间没有一个学生告知班干部与辅导员这件事。以上学生表现，反映了学生普遍不具备基本的安全常识，自认为能处理好。由此可见，一些大学生安全意识淡薄、纪律意识薄弱。

第四节　校园防盗

近年来，高校已经成为盗窃犯罪的一个重点侵害客体，校园内盗窃案件频发，已经严重影响正常的教学和生活秩序。如何加大对高校盗窃案件的研究、加强对高校盗窃犯罪的预防，已成为亟待解决的问题。不少青年大学生被盗窃问题困扰已久，针对这一现象，在国家与政府加大对盗窃犯罪打击力度的同时，大学生也应做好自我防范，这对减少盗窃案件的发生、建设和谐平安校园都有一定的积极意义。财物安全隐患无处不在，全体学生需要引起重视，提高警惕，维护自身安全，共同构建文明美好的校园。

一、案例警示

案例回放一

2006年3月至5月，某高校保卫处陆续接到同学手机在寝室内被盗的报案十余起。保卫部门经过布控和蹲守，终于将正在实施盗窃的嫌疑人于某抓获。经审讯，于某交代其均是利用早晨6点至7点这个时间段溜入学生宿舍，看准有人去洗漱、其他人正睡觉而门未锁的时机溜门入室，将放在明处的手机盗走，作案屡屡得手。

案例回放二

2008年4月，某高校保卫处通过调查，将盗取同学存折后取走现金的关某抓获。在审讯时，关某还交代了曾五次到附近寝室"串门"，趁门未锁而室内无人之机，共盗走手机两部、现金1300元、数码相机一部的犯罪事实。另外，关某还交代了一次在寝室正欲实施盗窃时，该寝室回来人而盗窃未遂，便借口"串门"稍作交谈后溜走。

▶ **案例分析**

以上两个案例，作案人都是采取溜门的手段作案，如果这些寝室门上了锁，就不会给不法分子可乘之机。大学生宿舍，几个人同住一室，相互间有很大的依赖性，在安全防范上大多数有懈怠的心理。为了避免自己和他人的财产受到损失，同学们要养成随手拿钥匙、随手锁门的好习惯，也要有一份责任感，对自己负责、对他人负责。

二、宿舍被盗怎么办

发现自己寝室被盗，不少同学首先想到的是赶紧翻看自己的柜子、箱子、抽屉，看自己的钱财缺少了什么。另一些同学则出于关心、好奇等原因前来围观、安慰。结果，待公安部门接到报案来到现场时，现场的原始状态已有很大变动，一些与犯罪活动存在内在联系的痕迹、物品已遭到破坏，一些与犯罪毫无关系的痕迹出现，使得公安人员难以对犯罪活动作出准确判断，影响了破案工作。那么发现寝室盗窃时该怎么办呢？

（1）发现寝室门被撬，抽屉、箱子的锁被撬坏或翻动，则很可能是盗窃分子来过，应立即向学校有关部门和管理人员报告。

（2）保护好现场。犯罪现场是判断犯罪分子进行活动和真实反映犯罪人客观情况的基础，只有把现场保护好了，侦查人员才有可能把犯罪分子遗留的手印、脚印、犯罪工具等收集起来，而这些正是揭露和证实犯罪的有力证据。如果案件发生在屋内，可在寝室门前（一楼还包括窗外）设置看守，阻止同学围观，不能让人进屋，更不能翻动室内的任何物品，封闭犯罪现场。对盗窃分子可能留下痕迹的门柄、锁头、窗户、门框等也不能触摸，以免把无关人员的指纹留在上面，给勘查现场、认定犯罪分子带来麻烦。

（3）如果发现银行卡被盗，应尽快到银行办理挂失手续。

（4）如实回答前来勘验和调查的公安保卫人员提出的各种问题。回答一要实事求是，不可凭想象推测；二要认真回忆，力求全面、准确。

（5）积极向负责侦查破案的公安、保卫人员提供情况，反映线索，协助破案。反映情况时要尽量提供各种线索，不要觉得此事无关紧要而忽略，也不要觉得涉及某个同学，怕伤感情。公安、保卫人员有义务为反映情况的同学保密。

三、防盗小技巧

（1）最后离开教室或宿舍的同学，要关好窗户锁好门，千万不要怕麻烦，养成随手关窗、随手锁门的习惯，以防盗窃分子乘机而入。

（2）不要留宿外来人员。大学生应该文明礼貌、热情好客，但决不能只讲义气、讲感情而不讲原则、不讲纪律。如果违反学校学生宿舍管理规定，随便留宿外人，就有可能引狼入室而悔不当初。

（3）发现形迹可疑的人应多加注意。作案人到教室和宿舍行窃时，往往会找各种借口，如找什么人或推销什么商品等，见管理松懈、房门大开、进出自由，便来回走动、四处张望，摸清情况、瞅准机会后，就撬门开锁，大肆盗窃。遇到这种可疑人员，同学们应主动上前询问，发现有盗窃行为，应立即向辅导员反馈或打电话向学校保卫部门报告，以尽快处理。

（4）注意保管好自己的钥匙，包括教室、宿舍、箱包、抽屉等处的各种钥匙，不能随便借给他人或乱丢乱放，以防"不速之客"复制或伺机行窃。

第五节　常见传染病防控

学校常见的传染性疾病包括：手足口病、流行性感冒、水痘、麻疹、腮腺炎、感染性腹泻等。这些传染病大多是呼吸道传染疾病，可以通过空气、短距离飞沫或接触呼吸道分泌物等途径传播。而学校是人员比较密集的地方，一旦出现感染，极易传播，若处置不及时，便会对广大师生的身体健康和工作学习带来较大的影响。为预防突发公共卫生事件在学校发生，控制其流行及蔓延，保障广大师生的身体健康和生命安全，维护学校正常的教学生活秩序，我们应该如何做呢？

一、案例警示

案例回放

2020年10月13日，厦门某高校开始暴发肺结核，其中有一个班级的学生做肺结核检查，发现有19个人肺结核CT存在问题。2020年10月14日，该高校发布通报称，2019年8月21日至2020年10月12日期间，陆续发现在校学生肺结核病例22例，这22例患者已休学进行规范性治疗。2020年9月11日至17日，该高校全体师生及后勤人员进行了结核菌素试验筛查、胸部X线检查。经重点CT筛查，共发现43名学生胸部CT影像异常，需进一步诊断排除。检查后，43名学生单独隔离进行医学观察。2020年10月14日，除4名学生由家长接回家庭所在地专门医院诊疗外，其余已在当地传染病医院住院进一步诊断。

二、预防措施

1. 养成良好的个人卫生习惯

勤洗手是预防传染病的重要措施。在接触公共场所物品后，要及时洗手，避免用手触摸口鼻眼等部位。

2. 保持室内空气流通

在冬季，由于室外气温较低，人们常常长时间关闭门窗。因此，要定期开窗通风，保持室内空气流通，以减少病毒传播的风险。

3. 注意呼吸道卫生

在传染病流行时期，出门时应尽量选择佩戴口罩等防护用品，以减少病毒通过呼吸道传播的风险。

4. 接种疫苗

接种疫苗是预防传染病的重要手段之一。对于老人、儿童、孕妇等高危人群，如无接种禁忌症，建议及时接种以增强主动防御能力。流感疫苗、肺炎疫苗、含 XBB 变异株抗原成分的新冠病毒疫苗等在各辖区定点接种点均有备货。

5. 保持社交距离

人群密集的公共场所，尤其是空气流通不畅的密闭场所，易造成呼吸道传染病的传播，建议规范佩戴口罩，保持社交距离。如果出现呼吸道传染病症状，尽量减少前往人群密集的场所。

6. 增强身体免疫力

保持健康的生活方式，如规律作息、合理饮食、适量运动等，可以提高身体免疫力，增强对病毒的抵抗力。

第三篇　消防安全

火给人类带来了光明与文明，同时也给人类带来了祸害与灾难。在时间或空间上失去控制的燃烧所造成的灾害，就是火灾，它是最常见的灾害之一。提到"火灾"，我们脑海里必然会出现浓烟、毒气这样一些可怕的画面。有的人在火场死里逃生，有的人葬身火海。

在日常生活中，火灾已经成为威胁公共安全、危害人民生命财产的一种多发性灾害。更令人痛心的是，因为消防隐患引发的悲剧还在各地不时地上演。因为一个小的过失就失去了年轻的生命，往往是没有消防安全意识造成，令人惋惜。消防安全事关每个人的生命财产安全，因此，同学们掌握消防安全的相关基本知识显得尤为重要。

第一节　常见消防安全隐患

消防安全隐患是指在建筑物、设施、场所等方面存在的可能引发火灾、阻碍火灾扑救、危及人员生命财产安全的潜在危险因素。如果这些隐患得不到及时有效的处理，会给人们的生命财

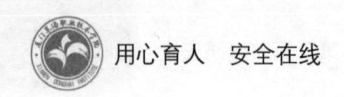

产带来极大的危害。因此，消防安全隐患的排查和消除是非常重要的。

接下来为同学们介绍常见的消防安全隐患，希望同学们能足够重视并对消防安全隐患进行排查和消除，学会预防消防安全问题。

1. 缺乏消防安全常识，防火意识薄弱

有的人存有不会发生火灾的侥幸心理，没有配备灭火器。火灾发生时不会使用灭火器，不能及时拨打火警"119"电话，不会使用湿毛巾捂口鼻逃生等，一旦发生火灾惊慌失措，难以应对。

2. 生活用火不慎

如点燃的蚊香、燃烧的蜡烛等使用不当；再如烹调中使用的食用油，如果连续加热时间过长，当温度超过食用油的自燃点时，就会发生自燃。

3. 存放易燃易爆物品

由于摩托车、汽车越来越多地进入居民家庭，有的人只图方便，将汽油存放在家中而不采取安全的存放措施，埋下了危险源火灾隐患。

4. 小火源处理不当

有些人喜欢躺在床上或沙发上吸烟，特别是饮酒以后，烟未吸完，人已入睡，烟头极易烧着被褥。

5. 违章使用电器

电器成倍增加导致用电量急剧上升，若超过电气线路和开关的最大承载能力，极易造成打火或局部发热，从而引发火灾；在使用家用电器后，只是将电器机身的开关关掉，而不将电线插头

从插座中拔出，使电器仍处于局部通电状态，长期蓄热引起电器故障而发生起火或爆炸；家电插头布置过于集中，或者干脆从一个插座取电，增加了线路的接触电阻，长此以往也极易引发火灾；使用不能自控温度电器时突遇停电，却忘了拔下插头，一旦来电，也极易引发火灾。

6. 消防安全通道内堆放杂物

有的居民图方便，经常把杂物放在楼梯出口或消防通道。万一发生火灾，会严重影响人员疏散，造成不必要的伤亡。

7. 实训课程实验操作违规

实训课程实验中违反实验操作规程，导致电气设备或线路超负荷，造成火灾。

8. 私搭乱建，乱接电线

私搭乱建，乱接电线致使电线短路，形成建筑火灾隐患，稍有不慎就可能引发火灾。

一、案例警示

案例回放一

某天的凌晨3点左右，云南省某个学校的住宿学生小香在宿舍床上蚊帐内点蜡烛看书，不慎碰倒蜡烛引燃蚊帐和衣物，引起火灾。火灾烧死学生21人，伤2人。

▶ 案例分析

"天干物燥，小心火烛"是古时候更夫的工作语，一方面是用来提醒寻常人家小心火烛，而另一方面是专门用来提醒读书人的。很多读书人通宵达旦地读书，读书时间一长，难免会犯困，书本离蜡烛往往很近，如果不小心碰倒了蜡烛，点燃了书籍和附近衣物等可燃物品，就会引发火灾。古代尚且如此，当代"更夫"何在？在每个人的心中。同学们平时一定不要在宿舍点蜡烛、点蚊香，也不要在宿舍抽烟，防止发生本案例中的类似情况。

案例回放二

2021年1月，福建省厦门市某校一学生宿舍起火，因发现及时，扑救及时，火情得到迅速控制，但是该宿舍内学生床上物品被烧毁，墙壁也被大量浓烟熏黑。经调查，起火原因是学生外出取外卖时，忘记关闭电吹风开关而直接将电吹风放在棉被上，电吹风温度过高，点燃了棉被，而引发火情。

▶ **案例分析**

有的同学平时做事粗心大意，在使用不能自控温度的电器（如电吹风、电夹板）时，人离开却忘了拔掉插头，这极易引发火灾。有的同学安全意识薄弱，心想有空气开关能跳闸断电预防火灾发生。这是一种错误的想法，空气开关跳闸并不能防止火灾发生！这个案例警示我们，离开宿舍、离开教室时，要及时关闭用电设备并完全切断电源。

二、安全贴士

（1）不要随意玩火，不要乱扔烟头，不要卧床抽烟，不要用明火照明寻找物品，不要在宿舍点蜡烛、点蚊香等。

（2）不要乱拉乱接电线。

（3）使用电器时，要注意安全。在学校不得违规使用电器，

防止超负荷用电造成线路短路,从而发生火灾。

（4）离开宿舍、教室或睡觉时,应检查电器是否关闭并完全切断电源。

（5）不要在走廊、楼梯口等堆放杂物,保证消防通道和安全出口的畅通。

（6）实训课程实验中应遵守操作规程,避免操作不当导致电气设备或线路超负荷,造成火灾。

（7）不要随意倾倒液化气残液。

（8）发现燃气泄漏,要迅速关闭气源阀门,打开门窗通风,切勿触动电器开关和使用照明。

（9）不要在燃气用具旁边放置易燃易爆物品。

（10）在学校切勿燃放烟花爆竹,也不要点燃其他易燃易爆物品。

（11）禁止蓄意放火。《刑法》规定,放火罪是危害公共安全罪的具体罪名之一,是指故意放火焚烧公私财物,危害公共安全的行为。遇到问题要学会平复情绪,理性应对,放火害人害己,严重危害社会公共安全,是触犯法律的行为,必将受到法律的制裁。

第二节　火场的自救与逃生

火灾,不仅顷刻之间可以烧掉大量财物,烧毁无法弥补的历史文化瑰宝,而且还危及人们宝贵的生命。火灾现场缺氧、高温、烟尘、毒气和房屋倒塌等险境,往往使被大火围困的人们惊慌失措、束手无策，以致葬身火海。人最宝贵的是生命，生命对于每个人都是公平的，而且只有一次。面对滚滚浓烟和熊熊火焰，在浓烟毒气和烈焰包围下，我们该如何自救？其实冷静机智地运用火场的自救与逃生知识，就有极大可能脱离火灾。因此，掌握一些火场的自救与逃生知识是非常必要的，困境中也许就能获得第二次生命。

一、案例警示

案例回放一

某年3月11日上午8：20左右，湖北某学校教工住宅楼一名外教居室内发生火灾。经消防人员及时扑救，大火迅速被扑灭。火灾中有一名30多岁英国籍女教师从楼上跳下，经送医院抢救无效死亡。

▶ **案例分析**

一旦发生火灾，应保持镇静，不要慌张而手忙脚乱，要在第一时间拨打"119"报警电话。报警时请讲清起火地点、起火物质、火势大小、人员被困情况等。本案例中，经消防人员及时扑救，大火迅速被扑灭，但是英国籍女教师从楼上跳下，经送医院抢救无效死亡。如果英国籍女教师不盲目跳楼，悲剧也许不会发生。同学们，一定要学会火场的自救与逃生，发生火灾时千万不要盲目跳楼，可利用疏散楼梯、安全通道等逃生自救。

案例回放二

某年12月8日新疆克拉玛依市发生恶性火灾事故，造成325人死亡、132人受伤。事发当时，克拉玛依市教委和新疆石油管

理局教育培训中心在克拉玛依市友谊馆举办迎接新疆维吾尔自治区"两基"评估验收专场文艺演出活动，全市15所学校的师生及有关领导共796人参加，其中大部分为学生。演出过程中，舞台上方的光柱灯烤燃了附近纱幕，引燃大幕。随后火势迅速蔓延，产生大量有害气体，现场人员众多，而且很多安全门紧锁，很多人无法迅速逃生，导致现场混乱不堪，烈火、浓烟、毒气以及人员拥挤、踩踏、冲撞，很快地这场大火夺去了一个又一个生命。

▶ **案例分析**

在这个案例中，由于逃生安全门紧锁无法迅速逃生，加上面对烈火、浓烟、毒气时很多人拥挤、踩踏、冲撞，最终导致悲剧的发生，令人悲痛。在日常生活中，我们应观察所处环境中的逃生通道、楼梯、通道、安全出口等是火灾发生时最重要的逃生之路，应保证畅通无阻，切不可堆放杂物或设闸上锁，以便紧急情况来临时人员能安全迅速地通过。在突遇火灾，面对浓烟和烈火时，首先要强令自己保持镇静，迅速判断危险地点和安全地点，决定逃生的办法，尽快撤离险地。千万不要盲目地跟从人流和相互拥挤、乱冲乱窜。

二、安全贴士

1. 起火莫慌，先报火警

一旦发生火灾，应保持镇静，要在第一时间拨打"119"报警电话。报警时请讲清起火地点、起火物质、火势大小、人员被困情况等。

2. 扑灭小火，惠及他人

如果发现火势并不大，尚未对人造成很大威胁时，且周围有足够的消防器材，如灭火器、消防栓等，应奋力将小火控制、扑灭；千万不要惊慌失措地乱叫乱窜，置小火于不顾而酿成大灾。

3. 镇静明辨，迅速撤离

突遇火灾，面对浓烟和烈火，首先要强令自己保持镇静，迅速判断危险地点和安全地点，决定逃生的办法，尽快撤离险地。千万不要盲目地跟从人流和相互拥挤、乱冲乱窜。撤离时要注意，朝明亮处或外面空旷处跑，要尽量往楼层下面跑。若通道已被烟火封阻，则应背向烟火方向离开，通过阳台、气窗、天台等往室外逃生。

4. 不入险地，不贪财物

在火场中，人的生命是最重要的。身处险境，应尽快撤离，不要因害羞或顾及贵重物品，而把宝贵的逃生时间浪费在穿衣或带走贵重物品上。已经逃离险境的人员，切莫重返险地。

5. 通道出口，畅通无阻

楼梯、通道、安全出口等是火灾发生时最重要的逃生之路，应保证畅通无阻，切不可堆放杂物或设闸上锁，以便紧急时能安全迅速地通过。

6. 简易防护，掩鼻匍匐

逃生时经过充满烟雾的路线，要防止烟雾中毒、预防窒息。为了防止火场浓烟呛入，可采用毛巾、口罩蒙鼻，匍匐撤离的办法。烟气飘于空气上部，贴近地面撤离是避免吸入烟气、滤去毒气的最佳方法。穿过烟火封锁区，应配戴防毒面具、头盔、阻燃

隔热服等护具。如果没有这些护具,那么可向头部、身上浇冷水或用湿毛巾、湿棉被、湿毯子等将头、身裹好,再冲出去。

7. 善用通道,莫入电梯

发生火灾时,要根据情况选择进入相对较为安全的楼梯通道。除可利用楼梯外,还可利用建筑物的阳台、窗台、屋顶等攀爬到周围的安全地点;沿着下水管、避雷线等建筑上的附着物,也可滑下楼脱险。千万要记住,高层楼着火时,不要乘坐普通电梯。

8. 缓降逃生,滑绳自救

高层、多层公共建筑内一般都设有高空缓降器或救生绳,人们可以通过这些设施安全地离开危险的楼层。如果没有这些专门设施,安全通道又被堵,救援人员还没有赶到,则可以迅速利用身边的绳索或床单、窗帘、衣服等自制简易救生绳,并用水打湿,从窗台或阳台沿绳缓滑到下面楼层或地面安全逃生。

9. 避难场所,固守待援

假如用手摸房门已感到烫手,此时一旦开门,火焰与浓烟势必迎面扑来,逃生通道被切断且短时间内无人救援。这时候,可采取创造避难场所、固守待援的办法。首先应关紧迎火的门窗,打开背火的门窗,用湿布塞堵门缝或用水浸湿棉被蒙上门窗,然后不停用水淋透房间,防止烟火渗入,固守在房内,直到救援人员到达。

10. 传送信号,寻求援助

被烟火围困时,尽量待在阳台、窗口等易于被人发现和能避免烟火近身的地方。在白天可向窗外晃动鲜艳的衣物等;在晚上可用手电筒不停地在窗口闪动或敲击东西，及时发出有效求救信号。在被烟气窒息失去自救能力前，应努力滚到墙边或门边，既便于消防人员寻找、营救，也可防止房屋被破坏时砸伤自己。

11. 火已及身，切勿惊跑

如果发现身上着了火，千万不可惊跑或用手拍打。因为奔跑或拍打时会形成风势，加速氧气的补充，促旺火势。当身上衣服着火后，应赶紧设法脱掉衣服或就地打滚，压灭火苗；能及时跳进水中或让人向身上浇水、喷灭火剂就更有效了。

12. 盲目跳楼，千万不可

千万不要盲目跳楼，可利用疏散楼梯、阳台，借助水管等逃生自救。无论如何，跳楼会对身体造成伤害。

第三节　灭火的基本方法

在我们日常生活、工业生产中，可燃烧的物质随处可见。火灾则是可燃物不按照人们所希望的目的燃烧的现象。燃烧是指可燃物与氧化剂互相作用而发生的剧烈的放热反应，在这个过程中通常伴有发光放热产生火焰的现象，爆炸也是燃烧的一种形式。我们所说的灭火，是指根据燃烧物燃烧的方式和状态，对其采取必要的措施来破坏燃烧的基本条件，终止燃烧的过程。

在灭火的过程中，由于灭火方法不当，极易造成火势的扩大乃至爆炸事故发生。这就要求我们要掌握正确的灭火方法。人们长期与火灾作斗争，积累了丰富的灭火经验，这里总结出了4种灭火的基本方法：冷却灭火、窒息灭火、隔离灭火、化学抑制灭火。

一、案例警示

案例回放一

2023年11月21日,江西省景德镇某学校一男生宿舍起火,黑烟从大门处往外涌出。学校工作人员称,学生买到劣质插线板,插线板放在床上引发短路起火。学校的工作人员迅速启动了应急程序,用正确的方法进行了灭火并疏散了学生,15分钟左右火就灭了,火灾没有造成人员伤亡。

▶ **案例分析**

在这个案例中,火灾发生时,学校的工作人员迅速启动了应急程序,对火势进行了控制并疏散了学生。经过调查,火灾原因确定为劣质插线板引发的短路起火。这个案例再次提醒我们,安全无小事,我们必须时刻保持警惕,应增强安全意识,并且要掌握正确的灭火方法才能够第一时间控制住火势。同时,我们也应该关注劣质产品的危害,抵制假冒伪劣产品,保障我们的生命财产安全。

案例回放二

2022年1月23日,广东省清远市佛冈县某商业楼一奶茶店突发大火,火势很快蔓延至周边商铺,造成5人不幸遇难。经查,火灾原因为一楼奶茶店厨房电炸炉油锅油温过高起火,员工采取浇水扑救的方式(错误方式),导致火势蔓延扩大。

▶ **案例分析**

在这个案例中油锅油温过高起火,采取浇水扑救的方式,却导致火势蔓延扩大,这是为什么呢?这是因为水的沸点是100摄氏度(标准大气压下),起火的油锅最低两三百摄氏度,水倒入油锅后，汽化的水蒸气在腾起时会把油锅里的油带到空气中，形成雾状油滴。油滴遇到火会迅速燃烧，从而造成火势蔓延。

如果同学们遇到油锅起火，正确做法是：第一时间切断电源或者气源，用锅盖盖住起火的油锅，使燃烧的油火接触不到空气而窒息熄灭；用手边的大块湿抹布覆盖住起火的油锅，达到用锅盖灭火效果，注意覆盖时不能留下空隙；如果锅盖没办法灭火，则使用干粉灭火器对准火焰根部喷射，灭火后将油锅移离加热炉灶防止发生复燃。

二、安全贴士

1. 冷却灭火

对一般可燃物来说，能够持续燃烧的条件之一就是它们在火焰或高温的作用下达到了各自的着火温度。因此，对一般可燃物火灾，将可燃物冷却到其燃点以下，燃烧反应就会中止。用水灭火的原理主要是冷却灭火。

2. 窒息灭火

各种可燃物的燃烧都必须在其所需最低氧气浓度以上进行，否则燃烧不能持续进行。因此，通过降低燃烧物周围的氧气浓度可以起到灭火的作用。通常使用的二氧化碳、氮气、水蒸气等来灭火的原理主要是其窒息作用。

3. 隔离灭火

把可燃物与引火源或氧气隔离开来，燃烧反应就会自动中止。火灾中，关闭有关阀门，切断流向着火区的可燃气体和液体的通道；打开有关阀门，使已经发生燃烧的容器或受到火势威胁

的容器中的液体可燃物通过管道导至安全区域，都是隔离灭火的措施。

4. 化学抑制灭火

化学抑制灭火就是使用灭火剂与链式反应的中间体自由基反应，燃烧的链式反应中断从而使燃烧不能持续进行。常用的干粉灭火剂、七氟丙烷灭火剂的主要灭火原理就是化学抑制作用。

第四节　常用灭火器的使用方法

在火灾初期阶段，若能采取有效的灭火措施，正确及时使用灭火器，能遏制火势蔓延，提高逃生概率，避免造成更大的人员伤亡及财产损失。

目前常用的灭火器有干粉灭火器、泡沫灭火器以及二氧化碳灭火器等。不同的灭火器使用方法也略有不同。虽然灭火器很常见，但是很多的同学并不会使用。日常生活中因为不会正确使用灭火器，最终酿成大祸的案例很常见。请同学们都要正确掌握灭火器的使用方法。

一、案例警示

案例回放一

2023年1月21日，广东韶关一理发店发生火灾，火势蔓延造成三间商铺被烧毁，经调查认定起火原因为理发店老板在店铺内焚烧垃圾，不慎引燃周边可燃物，最终蔓延成灾。理发店老板因不会用灭火器致使小火成灾，最终其因过失引起火灾被处行政拘留 10 日。

▶ **案例分析**

火灾发生初期，若身边有灭火器并能熟练地操作它，就可以避免"星星之火"的燎原之势。火灾发生时，很多灭火器就在手边却不会使用的事件屡见不鲜！这个案例中如果理发店老板会使用灭火器，则可以扑灭火苗，避免火灾。千万不要因为灭火器不会正确使用，最终酿成大祸。在日常生活中，同学们不仅要学会正确使用灭火器，同时也要注意，一定不要随便焚烧可燃物，也不要在宿舍抽烟，防止出现本案例中类似的事故。

案例回放二

2023 年 2 月 13 日，浙江嘉兴三名男子在楼梯间打闹时，随手拿起灭火器就开始乱喷，瞬间楼道内白茫茫一片，其中一男子由于吸入过多粉尘，感觉身体不适倒地，这时同伴才意识到不对劲，随即立马送去就医。

▶ **案例分析**

灭火器是一种可携式灭火工具，也是常见的消防器材之一。它被存放在公共场所或可能发生火灾的地方，但总有人私拿乱用。请同学们切记，私自挪用消防设施、器材属于违法行为。对于灭火器材，请同学们严肃使用、谨慎使用，救灾救难的时候才使用。

二、普法链接

（1）《中华人民共和国消防法》第二十八条规定：任何单位、个人不得损坏、挪用或者擅自拆除、停用消防设施、器材，不得

埋压、圈占、遮挡消火栓或者占用防火空间，不得占用、堵塞、封闭疏散通道、安全出口、消防车通道。人员密集场所的门窗不得设置影响逃生和灭火救援的障碍物。

（2）《中华人民共和国消防法》第六十条第一款第二项规定：单位违反本法规定，有损坏、挪用或者擅自拆除、停用消防设施、器材行为的，责令整改，处五千元以上五万元以下罚款。

三、安全贴士

1.灭火器使用的四字要诀（以手提式干粉灭火器为例）

（1）提：找到灭火器，提起来。

（2）拔：将灭火器手把处的保险销拔掉。拔保险销时，注意不要将手把握死。将灭火器放在地面上，一手稳定灭火器，一手拔掉保险销即可。

（3）握：握住灭火器的喷嘴处，将喷嘴对准火焰根部。

（4）压：对准火焰根部压下手把，灭火器喷出干粉后，手握喷嘴左右摆动，直至火焰被扑灭。

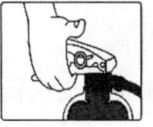

1.提起灭火器 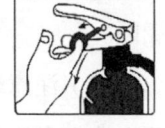　2.拔下保险销
3.握住软管 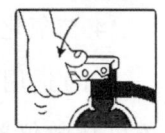　4.对准火苗根部扫射 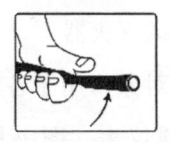

2.灭火器使用的注意事项

（1）喷射时，应采取由近而远、由外而里的方法。

（2）灭火时，请站在上风口处并保证自身安全。

（3）注意不要将灭火器的盖与底对着人体，防止弹出伤人。

（4）不要与水同时喷射在一起，以免影响灭火效果。

（5）扑灭电器火灾时，应先切断电源，防止触电。

（6）持喷筒的手应握住胶质喷管处，防止冻伤。

（7）灭火器是有有效期的，要定期检查确保可以正常使用！在使用灭火器前请先确保灭火器在质保期内并确认压力表指针在绿色区域。

3. 干粉灭火器

（1）适用对象：适用于扑救各种易燃、可燃液体和易燃、可燃气体火灾及电气设备火灾。

（2）使用方法：右手托着压把，左手托着灭火器底部，轻轻取下灭火器。右手提着灭火器到现场，除掉铅封，拔掉保险销。左手握着喷管，右手提着压把。在距离火源2～3米的地方，右手用力压下压把，左手拿着喷管左右摆动，喷射干粉覆盖整个燃烧区。

（3）注意事项：灭火器要放在好取、干燥、通风处。每年要两次检查干粉是否结块，如有结块要及时更换。

4. 二氧化碳灭火器

（1）适用对象：用于各种易燃、可燃液体和可燃气体火灾，还可扑救仪器仪表、图书档案、工艺器和低压设备等的初起火灾。

（2）使用方法：手握着压把，提着灭火器到现场。除掉铅封，拔掉保险销。站在距离火源2～3米的地方，左手拿着喇叭筒，右手用力压下压把。对着火源根部喷射，并不断推进，直至把火扑灭。

（3）注意事项：手指不宜接触喇叭筒口及金属部位，以免冻

伤。对二氧化碳灭火器要定期检查，应及时充气和更换。

5. 泡沫灭火器

（1）适用对象：适用于扑救各种油类火灾和木材、纤维、橡胶等固体可燃物火灾。

（2）使用方法：右手托着压把，左手托着灭火器底部，轻轻取下灭火器。右手捂住喷嘴，左手执筒底边缘，把灭火器颠倒过来呈垂直状态，用劲上下晃动几下，然后放开喷嘴。右手抓筒耳，左手抓筒底边缘，喷嘴朝向燃烧区，站在离火源2～3米的地方喷射，并不断前进，围着火焰喷射，直至把火扑灭。灭火后，把灭火器卧放在地上，喷嘴朝下。

（3）注意事项：泡沫灭火器不可存放在靠近高温或可能受到暴晒的地方。冬季要采取防冻措施，以防止冻结。

第五节　电梯受困的自救

目前，中国电梯产量、电梯保有量、年增长量均为世界第一。截至2023年底，中国电梯总数达到1062.98万台。

电梯的使用使人们的生活更加便捷，无论是在三、四层楼超市还是在几十层的办公大厦，或者是我们生活的小区中电梯已经成为最主要的室内代步工具。但是电梯为大家提供方便的同时，偶尔也会出现意外，被困电梯的事件时有发生。近年来，电梯困人、电梯夹人、电梯坠落等事故的出现给群众带来了不少恐慌。"电梯被困+盲目自救"的危险性极高，甚至可能失去生命。因此，学会电梯受困的自救是非常重要的。

一、案例警示

案例回放一

近日,四川达州某小区电梯内发生惊险一幕。一小男孩在电梯内用手中的伞去阻挡电梯门关闭,让电梯门时开时关,如此反复多次。最后,在电梯门关上时,他手中的伞被电梯门夹住并带走。

▶ **案例分析**

我们现在使用的电梯门一般是光幕式、触板和光幕式二合一式的,电梯门有一个感应盲区,那就是过于细的物品不能被感应到。它的感应盲区是:上下10厘米和正中2厘米,尤其是门的最下端位置。拿来挡电梯门的物体过细,小于2厘米,很可能会被夹。比如小孩的手指、绳子、裙摆、荧光棒等。同学们进出电梯时,不要跨步停留在厅、轿门之间,要快速通过;不要再拿脚、手、身体任何部位,和各种物品去挡门;需要等人,请直接按电梯开门键。

案例回放二

2020年11月21日0点32分左右,在泉州市区一酒店大堂,电梯正在运行,两名醉酒男子,跟跟跄跄地靠近电梯,还没按到电梯按键,两人就抱成一团向后倒去,摔倒后的惯性让他们正好撞开了电梯门。两人半个身子先是悬空,之后双双跌进了电梯井里。酒店工作人员听见声响,赶忙上前查看,并报警求助,最后两名男子被成功解救。

▶ **案例分析**

电梯(直梯)是分两扇门的,只有当电梯运行到当前楼层,

两扇门同时打开、关上，才能安全坐电梯。而两扇门之间，存在一个缝隙，电梯轿厢在电梯井里上上下下。如果电梯没停稳就进入电梯、撞电梯外门、扒电梯内门，就很容易发生意外。一定要确认电梯停稳后才能进入，不要倚靠、撞击电梯门，电梯故障停运后，不要扒电梯门。当被困在电梯里时，可以长按电梯里的紧急呼叫按钮，进行求救，也可以用手机拨打电梯内张贴的救援电话。

二、安全贴士

1. 电梯突然停止运行怎么办

（1）立即用电梯内的警铃、对讲机或电话与管理人员联系，等待救援。

（2）如果报警无效，可以间歇性地呼救或拍打电梯门，以保持体力。

（3）最好靠电梯内壁，并时不时地调整呼吸。

2. 切忌以下行为

（1）采取过激的行为，如乱蹦乱跳等。

（2）强行扒门爬出电梯，以防电梯突然启动。

（3）仰卧易导致呼吸困难。

3. 电梯急速下坠时保护自己的最佳动作

（1）迅速把每层楼的按键都按下，当紧急电源启动时，电梯会马上停止继续下坠。

（2）头、背部紧贴电梯内壁成一直线，运用电梯内壁作为脊椎的防护。

（3）如果电梯内有扶手，最好紧握扶手，防止因重心不稳而

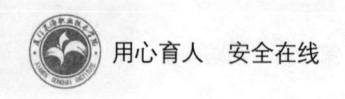

摔伤。

（4）如果电梯内没有扶手，用手抱颈避免脖子受伤。

（5）膝盖呈弯曲姿势，借用膝盖弯曲来承受重击压力。

（6）脚尖点地、脚跟提起以减缓冲力。

4. 安全乘坐电梯十大要点

（1）查看电梯是否有安全检验合格标志。超过检验日期或带故障的电梯，存在安全隐患。

（2）在没有看清电梯轿厢是否停靠在本层的情况下，不要盲目进入。

（3）等候乘梯时，不要踢、撬、扒、倚靠电梯门。

（4）电梯满员时，请耐心等待下一趟电梯。

（5）电梯超载报警时，不要挤入轿厢或搬入物品。

（6）不要用手、脚或物品阻止电梯轿厢门的关闭。

（7）进出电梯时，行动不要太慢，不要长时间一脚踩楼板一脚踩轿厢。

（8）在电梯运行时尽量离开门口站立，可以利用轿厢内的扶手，站稳扶好。

（9）电梯到站停止后如果不开门，可以按开门按钮打开轿厢门，不可强行打开轿厢门。

（10）不要在运行的电梯内嬉戏打闹、跳跃和乱摁按钮。

第四篇　人身安全

近年来，高校大学生人身安全问题得到了党和政府的高度重视，对大学生的人身安全教育已纳入学生校园安全教育重要一环。然而，在学习生活中部分大学生的安全意识尚有缺失，掌握安全技能的现状不容乐观。近年来，随着高校快速发展，校园周边治安状况日趋复杂，各类刑事、治安案件时有发生，不安全因素增多。据不完全统计2023年我市校园区域共发生治安案件21起，其中有6起涉及学生生命安全。在安全意识和安全技能方面，有调查显示：52%的大学生曾在网络"交友"，30%的大学生曾经下海"野泳"，60%的大学生进入过酒吧、KTV等娱乐场所。大学生缺乏社会经验、生活经验，自我防范意识弱、思想单纯、社会经验少、安全意识差容易成为被侵害对象。而避免人身安全受到侵犯最有效的方法就是增强自身保护意识，避免进入高危场所，若意外卷入危险事件应尽可能让自己保持冷静，迅速采取有效的应对措施使自己尽快脱离危险，因此增强自身的安全防范意识非常重要。

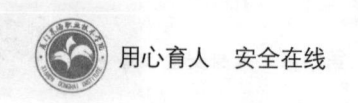

第一节　谨慎交友

随着网络的发展，交友形式五花八门，网络中涌现出了许多"网友"。而这种交友方式是极不靠谱的，犯罪分子可能会通过网络广泛地结交朋友，然后利用这种"友谊"实施进一步的犯罪。网络交友可能会导致财产损失、个人信息泄露。同学们应多与身边的朋友交流，在社交平台上结交朋友应慎重选择，在涉及金钱及敏感信息时要及时停止交流以防被骗。有部分同学在网上进行"恋爱"更要谨防遇到"杀猪盘"最终人财两空。

一、案例警示

案例回放一

2023年厦门某高校新生小李性格内向，入学后第一次的集体生活让其感到不适应，一直无法融入集体生活，内心感觉孤独，他通过微信摇一摇软件结识了一位"好友"。在对方的甜言蜜语攻势下，小李孤独的内心得到满足，逐渐放松警惕，极其信任对方，与对方建立了深厚的"友谊"。当对方提出经济困难时，小李毫不犹豫地多次转账借款，再当对方继续以其他理由提出借款，小李无法满足时，对方便将小李拉黑。此时小李发现自己被骗，所谓的"好友"消失无踪。

▶ 案例分析

网络交友，犯罪分子往往利用受害者情感上的需求，通过长

时间的沟通和交流，逐渐建立信任，进而实施诈骗。在网络交友时，应保持理智和警惕。切勿轻信陌生人的甜言蜜语，更不要轻易提供经济援助或个人信息。遇到可疑情况时，及时与老师亲人沟通或报警求助。

案例回放二

2021年9月，厦门某高校学生王某在微信朋友圈看到一则兼职信息，便与对方联系，按照对方要求先后办理了5张银行卡交给对方使用，并微信收款1000元。之后，王某在明知出借自己的银行卡可能被用于违法犯罪活动的情况下，仍将上述5张银行卡、手机卡及支付密码提供给四名陌生男子使用，并帮助对方用手机扫脸确认身份后使用手机银行APP。经公安部电信网络诈骗案件侦办平台查询，上述5张银行卡共计关联涉电信网络诈骗案件52起，直接转入涉诈资金共计492699.18元，支付结算金额2302248.77元。2023年6月26日，王某被法院以帮助信息网络犯罪活动罪判处拘役三个月，缓刑三个月，并处罚金人民币2000元。

▶ **案例分析**

在电信网络诈骗链条中，犯罪分子为了保证自身和赃款的安全，需要把诈骗得来的钱"洗一洗"才能进入自己的账户，这个过程被称为"跑分"，大量租借或者购买来的他人银行卡就是"洗白"的工具。这本质上是网络黑灰产业链，为了借用普通用户身份实施违法犯罪行为、逃避监管追踪而布设的陷阱。帮助信息网络犯罪活动，情节严重的处三年以下有期徒刑或者拘役，并处罚金。此外还可能涉嫌掩饰、隐瞒犯罪所得罪、妨害信用卡管理罪、诈骗罪等，可能给个人带来牢狱之灾。请同学们知悉"帮信罪"的法律后果，不要出售或出租自己的银行卡、手机卡。君子爱财，取之有道，切莫为蝇头小利而助纣为虐，最终害人害己。

二、安全贴士

（1）网络交友尽量避免使用真实的姓名，不轻易告诉对方自己的电话号码、学校名称、住址等有关个人真实的信息。

（2）不轻易与网友见面，无法避免时要有自己信任的同学或朋友陪伴，不要一个人赴约，约会的地点尽量选择在公共场所，人员较多的地方；尽量选择在白天；不要选择偏僻、隐蔽的场所，否则一旦发生危险情况时，得不到他人的帮助。

（3）聊天时，不要轻易点击来历不明的网址链接或来历不明的文件，这些链接或文件往往会携带"病毒炸弹"，或带有攻击性质的黑客软件，造成强行关闭聊天窗口、系统崩溃或被植入木马程式等。

（4）警惕网络色情聊天、反动宣传等。对谈话低俗的网友，不要反驳或回答，应以沉默、拉黑的方式对待。

（5）增强法律意识和网络安全意识。大学生应该主动学习相关法律法规，了解"帮信罪"的定义、构成要件及法律后果，熟悉参与帮信活动产生的严重后果。同时，要增强网络安全意识，不轻易相信陌生人的信息，警惕网络诈骗和虚假广告。

（6）提高辨别能力。大学生要学会辨别真伪信息，不轻信网络上的各种诱惑和利益承诺。在参与网络活动时要仔细核实信息来源和真实性，避免被不法分子利用。

（7）加强社交防范：在社交媒体上，要保持警惕，避免发布虚假信息、恶意言论或涉及非法活动的帖子。同时，不要轻易相信陌生人的信息和请求，尤其是那些声称提供"赚钱"机会的信息。

（8）及时举报和寻求帮助：如果发现有人从事非法活动，或者自己不慎陷入帮信罪的陷阱，应及时向公安机关举报。

第二节　远离毒品

近年来，全球毒情恶化、毒品种类泛化，青年大学生面临的毒品危害风险不断增加。作为一名社会经验不足，缺乏毒品辨别能力的大学生面对毒品就像是和隐匿在角落里伺机而动的一条毒蛇不期而遇。毒品对社会的危害巨大，它威胁着每个人，特别是在校学生正处于生理、心理发育时期，对新事物好奇心重，对毒品的危害性和吸毒的违法性缺乏认识，容易受到外在诱惑被毒品侵害。

一、案例警示

案例回放一

某高校学生张某曾经是高校主持专业的帅小伙，因吸食毒品声音变得沙哑而中止学业。2021年考上大学的张某为了放松，经常到迪吧和夜总会消遣，在震耳欲聋的音乐中，自己慢慢失去了控制。张某说："有经常混吧的朋友给我几片药，让我提提神。"2022年10月的一天一位朋友给张某几片麻古（泰语的音译，其主要成分是冰毒）。"当时他也没告诉我药片是什么，就说能提神，我也就试了试。"这一试不要紧，结果他整整三天没有睡觉。张某家庭经济条件优越，每月父母都会给他五六千元的生活费，他全部都用在了吸食麻古上。吸食毒品后张某生活费不够便由朋友介绍"以贩养吸"将毒品售卖给其他好友，最终张某被警方以犯贩卖毒品罪判刑。毒品的危害彻底改变了他的人生。

▶ 案例分析

正值青春年华的大学生张某，本来即将迎来美好的人生，却因沾染毒品，一步步走上不归路、大好的青春被毒品践踏，很多青少年吸毒都是一时冲动，却不知毒品会让人产生极强的精神依赖，一旦沾染很难彻底戒除，于是不少人，成为以贩养吸的犯罪分子，最终沦为阶下囚。这也提醒未成年人要对毒品提高警惕，远离酒吧、迪厅、KTV 等娱乐场所，坚决不与有涉毒行为的不良青年来往，坚决抵制涉毒品犯罪行为。

案例回放二

某高校学生宋某因生活、学习压力大，通过线上交友软件认识了"好友"，对方告知有一种可以缓解压力的方法，并通过对方的介绍通过线上翻墙软件向英国卖家以 80 英镑、60 英镑分别购买 4 支含有大麻油的电子烟、4 袋含有大麻的软糖，并通过邮寄的方式寄到其提供的国内地址。随后宋某接收来自英国的两个邮件时被民警查获，并当场查扣上述两封邮件。法院审理后认定宋某犯走私毒品罪，判处管制一年，并处罚金人民币 5000 元；扣押作案工具手机 1 部、电子烟具 1 个、快递邮件包装及面单 2 个。

▶ **案例分析**

宋某是在校学生，其为了缓解生活和学习的压力，通过线上交友平台认识的"好友"介绍，选择了吸食毒品大麻这一"歧途"。不仅要受到法律的惩罚，更为自己未来的人生添上难以抹去的污点。案中涉案毒品为含有大麻油的电子烟和含有大麻的软糖，属于毒品的新形态，不易识别，极易让人放松警惕，误入涉毒歧路。该案例警示我们，交友需谨慎，特别是要远离毒品。

二、安全贴士

（1）青少年应当树立正确的人生观和价值观，培养文明、健康的兴趣爱好，参加有益身心健康的文化娱乐活动，丰富自己的精神生活。

（2）认清毒品对身心、家庭的危害，认清戒毒的痛苦与艰难，远离毒品。不要因好奇和寻求刺激而去吸毒，抵制不良诱惑。

（3）要正确对待挫折和困难，不要选择毒品来逃避现实，麻醉自己。

（4）切忌沉溺于酒吧、KTV等易于诱发和滋生吸毒现象的场所，以防被人诱骗而沾染毒品。提高警惕，不要接受陌生人的食物和礼品。

（5）谨慎交友、遵循正确的交友原则，不要结交有吸毒行为、贩毒行为的人。坚定自己的立场和态度，坚决抵制诱惑。

根据我国刑法，毒品犯罪包括不仅限以下行为：

（1）走私、贩卖、运输、制造毒品，非法持有毒品。

（2）包庇毒品犯罪分子。

（3）窝藏、转移、隐瞒毒品、毒赃，走私制毒物品。

（4）非法买卖制毒物品。

（5）引诱、教唆、欺骗他人吸毒。

（6）强迫他人吸毒，容留他人吸毒。

（7）非法提供麻醉药品、精神药品。

第三节　游泳安全

世界卫生组织《全球溺水报告》显示全球每小时有40多人溺水死亡，每年共有约37.2万人溺水死亡，半数以上溺水死亡者不足25岁。江海无情，生命无价，作为一名大学生，应牢记防溺水安全知识是每个人的必修课。厦门作为一座美丽的海滨城市，自然少不了阳光、沙滩和大海，但同学们到海边游玩时，切勿忽视海边的危险。

一、案例警示

案例回放

2022年6月30日中午11点左右厦大白城海域有市民向曙光救援队求助，一名男子在白城海域戏水时不慎落水、大家眼睁睁地看着他沉入海底却无能为力。救援队第一时间到达现场救援，溺水大学生小吴（化名）的同学透露，当天放假，他们几个同学约着到白城海边沙滩游玩，小吴不听劝，坚持下海游泳，恰逢退潮，同伴们突然看不到小吴的身影，同伴不通水性，不敢贸然下

水寻找,只好上岸呼喊求助。不幸的是经过救援队8小时的搜寻,当晚7时许小吴的遗体被打捞上岸。据了解,这名大学生来自厦门某高校,今年21岁,即将升入大二,趁着周末与同学一同来到海边游玩却不幸遇难。然而在小吴溺亡的沙滩上有许多警示牌,上有提示:此处危险 禁止下海。

▶ 案例分析

小吴不顾周围警示告诫与朋友的劝告,坚持下海游泳,最终酿成惨剧。各位同学到海边游玩时,切勿一时兴起,擅自下海游玩,要时刻注意潮汐动向,不要擅自攀爬危险的礁石,在未知的水域活动前,必须提前了解水域深度、潮汐情况等环境因素,选择合适的地点和时间游玩,尽量不要独自游泳,尤其是在无救援措施或监督的情况。

二、安全贴士

夏天是溺亡事故的高发期、每一年夏季厦门都会发生多起溺水事件,同学们一定要谨慎下海。

厦门溺水高发区有:海湾公园海域、白城海域、曾厝垵海域、椰风寨海域、"一国两制"标语牌海域、五缘湾海域、西柯金都海尚国际海边、潘涂BRT站旁海边、黄厝海滨公交车站后面的海边、环岛路观音山游乐场海边、汀溪镇汀溪水库水闸处、集美龙舟池靠厦门大桥一侧。

溺水时的自救方法有:

(1)不要慌张,发现周围有人时立即呼救。

(2)头部浮出水面,用脚踢水,防止体力丧失,等待救援。

（3）身体下沉时，可将手掌向下压。

（4）如果在水中突然抽筋，又无法靠岸时，立即求救。如周围无人，可深吸一口气潜入水中，伸直抽筋的那条腿，用手将脚趾向上扳，以解除抽筋。

不会游泳的人最好的溺水自救就是提前预防。如若不慎落水，应保持冷静，尽可能放松身体让自己保持漂浮或者借助身边漂浮物帮助自己漂浮。换气时，呼气要浅，吸气要深。被救援时，需要镇定，配合救援人员，不乱挣扎，不猛拽。

如遇到他人溺水时，应立即寻求警察或专业人士帮助，要在保障自身安全的前提下，通过抛掷绳索、救生圈等方式开展施救，做到智慧救援，切忌擅自盲目下水或手拉手救援。切记救人也要在自己能力范围之内。

第四节　女生自我保护

随着社会的进步和发展，女性群体变得越来越庞大。然而女性群体在面对各种潜在的危险和威胁时往往比男性更加脆弱和容易受到伤害。女性是易被伤害的弱势群体，走夜路、独居、打黑车，很容易成为不法分子的目标。"夜跑女教师被害""女大学生失联""被尾随抢劫"等事件频发，针对女性的暴力侵害让人震惊。那些因非法侵害而离开这个世界的女孩，让人心痛又惋惜。同学们大多涉世未深，很少经受过挫折、缺乏防范意识和自保自救能力，容易受到侵害。因此，女性增强自我保护意识显得尤为重要。

第四篇　人身安全

一、案例警示

案例回放一

2022年7月1日凌晨2点，王某等4名被害人（女性）相约至烧烤店吃夜宵，饭中隔壁桌陈某（男性）等人走近被害人王某要求其陪他喝一杯酒。王某拒绝并对陈某进行训斥，陈某等人认为王某瞧不起他，便对王某等人进行殴打。此后，陈某等人又将被害人拖拽到烧烤店外的便道上持续施暴，后威胁不许报警并离去。

▶ **案例分析**

案件发生在凌晨2点的烧烤摊，王某等4位女生遇到酒醉陈某的骚扰，在拒绝对方的要求后遭到殴打。深夜女性如果在外遇到骚扰，第一时间应当保护好自身安全，不去激怒对方并及时寻求周围人员帮助并迅速撤离现场，一旦遭暴力侵害，第一时间应当保护好生命安全，将伤害降到最低程度并及时报警、就医。

案例回放二

2022年5月厦门某高校女生林某至办公室找辅导员请假说回家，并找来其"好友"冒充父亲打电话给辅导员替其请假后离校。假期结束了，林某未能及时返校，辅导员联系林某发现电话无法打通，其"父亲"电话也处于关机状态。辅导员多次联系家长与林某均未果后报警。警方联系到林某的母亲才知晓，之前帮助林某请假的也并非林某父亲。林某到外地与网友见面后多次以各种理由找家里拿钱，母亲发现问题劝阻林某返家，林某便不再接听母亲电话，失去联系，家人于是报警，警方怀疑林某已经陷入传销组织。

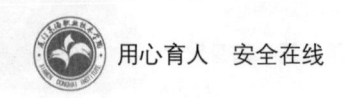

▶ **案例分析**

上述案件中犯罪分子见林某是学生，涉世未深、防范意识薄弱，先对林某进行诱惑后再进行诈骗。网恋风险大，恋爱需谨慎。不要轻易被感情冲昏头脑，不可轻信对方甜言蜜语，一旦发现问题及时拉黑、报警，保护好自身人身、财产安全。

二、安全贴士

（1）不要轻易相信结识的朋友尤其是网络朋友，更不要单独跟随新认识的人去陌生的地方。

（2）住宿、出行、尽量结伴，时间、场所要正确选择，特别是要选择安全的环境。

（3）正确处理与异性交往的尺度，不要接受太过贵重的馈赠，对过分的举动要明确表明自己的反对态度。

（4）夜晚是女性最容易遭受性侵害的时间。这是因为夜间光线暗，犯罪分子作案时不容易被人发现。所以，在夜间女性应尽量减少外出或多人结伴而行。

（5）公共场所和僻静处所是女性容易遭受性侵害的地方。这是因为在公共场所如舞池、游泳池、车站、码头、影院、实验室等，人多拥挤时不法分子有可乘之机袭击女性；僻静之处如公园假山、树林深处、窄道小巷、楼顶晒台、没有路灯的街道楼边、尚未交付使用的新建筑内、无人居住的小屋等，若女性进入这些地方，由于人员稀少，极易遭受性侵害。

（6）在日常生活里女性如遇陌生人尾随一定要保持冷静，观察周围，往热闹人多的地方走、及时寻求周围群众的帮助并及时

拨打报警电话或向离得较近的家人朋友致电寻求帮助。

出行方面要注意：

（1）不乘坐黑车，要通过大平台打车，不要轻易与陌生人拼车，尤其是夜间。

（2）乘坐出租车时从司机背后上车，坐司机背后，尽量不要坐副驾驶，保持开窗。

（3）上车前拍下出租车信息并发给家人或者朋友。

（4）乘车时不要睡觉或者只顾着玩手机，要随时观察司机动态和行驶路线。

（5）不要过多跟司机攀谈，更不要随意透露个人信息。

恋爱方面要注意：

（1）保持人格独立和自尊。不要为了迎合对方而失去自我，也不要轻易放弃自己的原则和价值观。

（2）学会处理分歧和冲突。恋爱中，难免会有分歧和冲突。在处理分歧和冲突时，不要激怒对方，要尊重彼此的观点和感受。掌握妥善的处理方式，避免将问题升级为争吵和伤害。

（3）理智地面对未来。恋爱关系中，要理智地面对未来。不要盲目追求短暂的浪漫，也不要为了恋爱而放弃自己的未来规划和人生目标。恋爱是人生中美好的经历但自我成长和生活价值不能完全依靠恋爱来获取。

（4）学会自爱，守好身体底线。俗话说"身体发肤受之父母"，如果自己不愿意，任何人都无权伤害自己的身体。时刻谨记，如果自己的身体受到侵犯，要尽快告诉家长或者报警，切不可因害羞、胆怯延误时间而丧失证据。

第五篇　出行安全

　　交通出行是人们学习、生活、工作等社会活动的重要组成部分，而且关系越来越密切。城市生活日新月异，交通状况越来越复杂，交通风险也随之不断上升，道路交通事故伤害是一个严重的公共交通问题，同时也是世界各地造成死亡和伤害的一个主要原因。

　　道路交通事故所造成的伤害会产生巨大的社会成本，因此，无论是步行、骑行、乘车还是自驾车都需要时刻注意自身安全。避免交通事故保证自身安全成为交通出行的首要任务。避免交通事故的最有效的方法之一是遵守交通法规和合理乘坐交通工具。如果意外卷入交通事故，我们应尽可能保持冷静，采取合适的应对措施让自身尽快脱离危险。

第一节　步行安全

　　出门在外，步行是一种常见出行方式，行人却是交通事故中的弱势群体，往往容易受到各种交通工具的伤害。大部分同学认为遵守交通法规只是机动车驾驶人的事，哪怕机动车与行人之

间发生了交通事故，也是机动车驾驶人负主要责任。这种想法是很危险的。只要是交通的参与者，都应自觉遵守交通法规，特别是处于弱势群体的行人，在遵守交通法规的同时要留意交通状况，随时主动避让，避免交通事故的发生，确保自己和他人不受伤害。

一、案例警示

案例回放一

2014年11月15日，一位姓胡的男子驾驶轻型货车在路上行驶时，发现路上出现一个男子正在横穿马路，胡某赶紧鸣笛以及采取制动措施，但由于该男子头戴耳机，没有听到鸣笛继续往前走，最终被货车撞飞10多米远，后因伤势过重，抢救无效而死亡。

▶ **案例分析**

当道路上车况较好时，驾驶员经常会以道路限制的最高速度行驶，突然发现横穿马路的行人，很难立即将车停住。此案例中，死者没有及时发现路上的车辆，加上戴着耳机，没有听到司机发出鸣笛警告，没能在第一时间采取躲避措施，因此造成了严重的后果。行人在公路上行走时，切忌戴耳机，尤其在穿行马路时，一定要注意躲避机动车，切莫疏忽大意。

案例回放二

2022年10月29日，大批韩国民众前往梨泰院地区参加万圣节庆祝活动，人群在一处狭窄的下坡路段发生严重拥堵，酿成踩踏惨剧。事故中共有159人丧生，另有近200人受伤。死伤者多

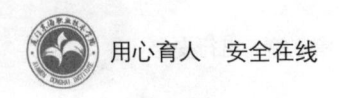

为 20~30 岁的年轻人。

▶ **案例分析**

调查结果显示，事发现场空间狭窄且处于下坡路段，加之短时间内人员严重拥挤致使出现连续摔倒的状况，最终酿成严重的踩踏致死事故。事故发生因有三：其一，事发场地狭小逼仄，为一条从梨泰院洞的世界美食街延伸到梨泰院站 1 号出口的小巷，这条巷子长 45 米，宽仅 4 米，为下坡路，且一侧为酒店外墙，无备用出口；其二，当天为万圣节，现场人流量暴增为平日的 10 倍，达到 10 万人次，现场过度拥堵，使救援工作无法及时展开；其三，现场缺乏有力疏导、引流措施，甚至有人曝出沿途商家拒绝帮助的情况。

二、安全贴士

（1）节假日出行，尽量减少进入人群拥挤处。

（2）走到人群特别拥挤的地方时，要有秩序地通过。

（3）若不注意而撞了别人，主动向对方道歉，承认错误，取得其谅解；若别人踩到自己或碰掉自己所带物品，不要大声斥责对方或口出怨言，应避免激化矛盾，减少争吵或打闹等不愉快、不安全的事情发生。

（4）过马路时，尽量走人行横道，并按交通信号指示灯通过。当黄灯亮时，行人应立即停住，不准通行，已进入人行横道的行人应快速通过。

（5）过马路时，最好选择天桥或地下通道。

（6）过路口时，要遵循"一慢、二看、三通过"的原则，确

认安全后方可通行。

（7）在道路上行走时要专心，并随时留意周围情况，不要边走边看手机，也不要戴耳机过马路。

（8）不要在行车道上追逐、猛跑，或在车辆临近时突然猛拐横穿。

第二节　骑行安全

夏日夜晚，华灯初上，浩浩荡荡的自行车队伍穿过长街，装备齐全的专业骑手与休闲地骑着共享单车的人们，共同成为一道亮丽的风景线。无论是在悠闲的周末打卡城市古建筑，还是选择充满挑战的"川藏线"，越来越多人加入骑行队伍。如今，骑行既是广受欢迎的休闲旅游形式，也承载着人们对绿色健康生活的追求。因此，骑行安全愈发重要。

一、案例警示

案例回放一

2024年1月，苏州科技大学在校大学生吴某某独自在木渎镇七子山山间小路夜骑的时候不慎迷路摔倒受伤昏迷，醒来后无法行动。他报警求助称，在七子山骑自行车时摔倒受伤，需立即救助，苏州市公安局吴中分局藏书派出所接到报警后，及时前往救助，帮助吴某某脱困，后在同学陪同下去往医院做进一步检查。

▶ **案例分析**

经了解，吴某某是苏州科技大学的一名大学生，当天下午

4时许独自一人骑行上山游玩。天黑后准备下山时，由于该路段急弯陡坡较多，且前几天下过雨。他通过此路段时因路面湿滑不慎摔倒，自行车也滚下了山坡，幸好当时他戴着骑行头盔，保护了头部，不然后果不堪设想。苏州西部山区山路崎岖，夜间骑行极易发生危险，自行车爱好者骑行时一定要将自身安全放在第一位，尽量结伴而行，尽量避免走偏僻小路。

案例回放二

2017年3月26日下午，正在读小学四年级的小高（殁年10岁）与三位小伙伴在浙江中路575弄弄堂附近玩耍时，四人未通过APP程序扫码获取密码，便各自解锁了一辆共享单车，然后上路骑行。小高沿着天潼路由东向西逆向骑行，13时37分许，他骑行至天潼路、曲阜路、浙江北路路口时，与王某驾驶的大型客车发生碰撞后，小高倒地并从该大型客车前侧进入车底，遭受碾压，经医院抢救无效于当日死亡。

▶ **案例分析**

交警部门出具《道路交通事故认定书》，认定大客车司机王某左转弯时疏于观察路况，小高未满12周岁驾驶自行车在道路上逆向行驶，且疏于观察路况，两人行为均违反道路交通安全法。王某负该起事故次要责任，小高负该起事故主要责任。小高不满12周岁，由于共享单车公司对投放在公共开放场所的共享单车疏于管理，且该车辆上安装的机械锁密码固定，易于被手动破解，使用完毕后的锁定程序不符合习惯、未锁率高，同时车身没有张贴12周岁以下未成年人不得骑行的警示标识，存在重大安全隐患，造成了本次事故。

二、安全贴士

（1）每次骑行活动必须正确佩戴头盔及相应护具。

（2）骑行时手机来电禁止接听，如需接听则应停在路边，在公路的安全范围之内接听手机，更不要单手骑车。

（3）根据车型和性能，选择适合的路段和路况。

（4）始终注视着前进的方向，要有用余光扫描道路潜在危险的习惯。

（5）遇到受伤、迷路等问题，及时向警察求助。

（6）走相应车道，尽量与来往车辆保持一定距离。

（7）未满14周岁，不能骑行上路。

第三节　乘车安全

城市公共交通是由公共汽车、电车、出租汽车、地铁、轻轨等交通方式组成的公共客运交通系统，是重要的城市基础设施，是关系国计民生的社会公益事业。城市公共交通可以为城市居民提供低价、安全、环保的乘车环境，是缓解大城市的交通拥挤和污染的交通方式。公共交通出行方式在公众日常出行方式中举足轻重。

一、案例警示

案例回放一

2023年12月14日，北京地铁昌平线发生了一起令人震惊的"车厢断裂"事故。据报道，当时地铁正在运行，突然发生接触轨断电事件，车辆紧急制动，因惯性作用，很多乘客摔倒，车厢也断成了两节。车厢内一片黑暗，乘客纷纷捡拾手机，有30多人受伤，但没有人员死亡。

▶ 案例分析

从事故发生的原因来看，断电可能是导致这起事故的关键因素。昌平线是地上地铁，不同于地下轨道，容易受到天气等外部因素的影响。

从车厢断裂的情况来看，这起事故不仅仅是一起简单的断电事件。断裂的车厢连接处已经破损严重，胶皮全都开了。这说明地铁车辆在紧急制动时可能承受了过大的冲击力，导致车厢连接处断裂。

从乘客的角度来看，这起事故给他们带来了巨大的惊吓和困扰。昌平线乘客非常多，事发后，大家第一时间找手机，这也反映出乘客们的安全意识和自我保护能力还有待提高。在紧急情况下，保持冷静、听从工作人员指挥、迅速撤离现场是每一位乘客应该具备的基本素质。

案例回放二

2021年8月17日，黑龙江哈尔滨。18路公交车驾驶员开车时与乘客发生争执，情绪激动。视频中，驾驶员大喊："不玩了，我也不活了！"18日，警方通报称，发生争执后驾驶员逆向行车冲向人行道。驾驶员因危害公共安全罪被刑拘。

▶ 案例分析

行为人故意或者过失实施危害或者足以危害不特定多数人的生命、健康或者重大公私财产安全的行为就是危害公共安全的犯罪行为。案例中乘客与公交车司机发生争执，语言行为偏激，置

他人生命于不顾；同时乘客选择漠视，不进行劝导缓解矛盾，矛盾持续造成司机偏激行为产生。

二、安全贴士

（1）乘车时系好安全带。

（2）乘车时要坐稳，不要歪着坐、横着躺，以免车辆紧急刹车时摔倒受伤。

（3）乘车途中最好不要睡觉，尽量保持清醒。

（4）乘车途中最好不吃东西，糖、豆、花生等一类的食品，容易在汽车晃动时呛到气管中，同时在车上吃东西也容易受到细菌的污染。

（5）不与司机发生争执，若有乘客与司机发生矛盾，其他人应及时劝说调解。

（6）车辆行驶的过程中都不要将身体任何部位伸出窗外，以免被对面来车或路边树木等刮伤，更不能中途跳车。

第四节　自驾车安全

交通部微博数据显示：2019年全国机动车达3.4亿辆，机动车驾驶人数达4.22亿人，其中新领证驾驶员人数1408万人，而且数据还在逐年上涨。换句话说：中国私家车超过3亿辆，拥有驾照的人数超过4亿。这意味着：每10个人中，就有3人考了驾照。同时，新能源汽车的不断普及，也使自驾车用户不断增加。

一、案例警示

案例回放一

2020年6月21日,在湖北黄冈交警在查酒驾的时候,拦下了一辆小车。面对交警,司机还有点自豪地说:"这一辈子我都不可能被查到酒驾。"谁知,司机一说完,仪器就响了。司机表示自己可能是吃了含酒精的蛋黄派,向交警提出验血的要求,为检验男子的话,民警自己吃了那种蛋黄派,随后仪器测出酒驾,证明蛋黄派含酒精。待10分钟后再测试男子,显示并未酒驾。随即,民警归还证件,将男子放行。

▶ **案例分析**

司机开车未饮酒,但民警进行仪器检测却检测出酒精含量超标,司机提出验血要求才证明自己所言为真,为避免时间浪费,造成误会,在自驾行车前,应该避免食用含酒精食物。

案例回放二

2023年,徐州交警云龙大队接到警情,在徐州市泉山区解放南路三胞广场南侧有两辆五菱面包车相撞,无人员受伤。

▶ **案例分析**

经调取事发路口及沿线的监控视频发现,驾驶员张某驾驶车辆行驶在金山东路上过交通信号灯路口时,偏离车道撞向道路中央护栏并与对向停止状态车辆相碰。接警后,民警迅速赶赴现场处置,发现一辆面包车停在道路中央护栏内并与对向车辆相撞,造成两车损坏,交通设施损坏。

经了解,张某系疲劳驾驶。张某凌晨带着家人驾车回老家,

加上天冷车内开着暖风,在连续驾驶了几个小时后便犯困了,发生了交通事故。最后,民警依法认定张某负此次事故的全部责任。

二、安全贴士

(1) 在长途出行时,驾驶人一定要合理安排途中的休息时间,切勿心存侥幸。

(2) 科学安排行车时间,注意劳逸结合,连续驾驶时间不得超过4小时,连续行车4小时,必须停车休息20分钟以上;夜间长时间行车,应由2人轮流驾驶,交替休息,每人驾驶时间应在2~4小时,尽量不在深夜驾驶。

(3) 行车中,保持驾驶室空气畅通、温度和湿度适宜,减少噪声干扰。

(4) 驾驶车辆避免长时间保持一个固定姿势,可时常调整局部疲劳部位的位置并深呼吸,以促进血液循环。

(5) 不酒后驾驶,同时还要注意能量饮料、榴莲、荔枝、藿香正气水、止咳糖浆、漱口水、口气清新剂、蛋黄派、腐乳等食用后易被检测出"酒驾",驾车前应尽量避免食用。

(6) 提前做好车辆安全检查。

(7) 行车前准备好安全设备。

(8) 行车时要遵守交通法规。

(9) 行程途中经常检查车况。

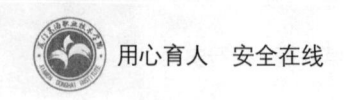

第五节　旅游安全

2023年，国内文旅市场迎来久违的火热，春节、劳动节、暑期、国庆节再现"人从众"，出行人潮和消费热情屡屡高涨，文旅行业活跃度创下历史新高。2024年元旦假期，携程旅行国内旅游订单量同比增长168%。同程旅行酒店、机票、火车票、景区门票、用车等业务预订量均创下历史同期新高。马蜂窝数据显示，"跨年烟花""跨年演唱会"热度上涨187%和249%。飞猪旅行数据显示，冰雪旅游预订量较上个元旦假期增长126%。去哪儿数据显示，2024年元旦期间，国内热门城市机票预订量同比2023年增长七成。旅游愈发成为潮流指向，旅游安全则愈发重要。

一、案例警示

案例回放一

2020年，名为"上海一日游"的旅游团宣称100块钱15个景点包接送纯玩，然而，在结束第一站上海金茂大厦的参观后，游客却被拉到偏远的仓库中购物。"低价销售"的玉石动辄上万元，实则成本价只要几块钱。消费结束后，游客们发现原本说好的豪华游轮也变成了摆渡船。

▶ 案例分析

要理性消费，让骗子无从下手，遇到此类纠纷时，要积极去

旅游管理部门进行举报，对于侵犯消费者合法权益的行为也可以向市场监管部门进行投诉。免费旅游不可信，旅游团宣传需理性看待。

案例回放二

大学生小张收到短信称，订购的机票因飞机故障需改签，请打 D 航空"400"开头的热线客服电话办理业务。小张按照对方的要求进行转账后，收到卡内转出 100000 元人民币的短信提示。小张这才意识到自己被骗了。

▶ **案例分析**

学生小张与对方联系后，对方称必须先转账，才能将银行卡与航空公司绑定进行改签，但转账金额不高于银行卡内的金额，因此不会转走卡里的钱。小张按照对方的要求进行转账后，系统显示转账成功，并收到转账短信。小张询问情况后，对方让其联系一位"领导"。该"领导"称退款需要换另一张银行卡，要重复前面的转账操作。小张操作完以后发现系统又再次提示转账成功，并收到卡内转出 100000 元人民币的短信提示。小张这才意识到自己被骗了。被通知票务退改签时，应及时与官网或者正规票务公司的客服电话进行确认，切勿轻信，更不要随意转账。

二、安全贴士

（1）选择合法、信誉好的旅行社报名，不参加不合理"低价游"，要向签约旅行社索要书面旅游合同和正规发票。

（2）出行前做好路线规划等攻略，以免被误导，从而参观"山寨"景区。

（3）谨防中奖陷阱，景区消费后被告知中奖时，不轻信。

（4）识别假货真卖，不要贪小便宜。

（5）遇到店家在谈到价格时含糊其辞，一定要提高警惕，避免店家"宰客"。尽量提前做好规划，就餐时了解好消费详情，比如鱼是按斤还是按条卖、有无最低消费等。若遇到"天价饭店"，可拨打当地消协电话求助。

（6）旅行中发现自己受骗上当，要冷静处理，积极维权。各类合同、票据、信息、照片要保存好，以便维权使用。

第六篇　网络与信息安全

　　信息安全问题一直是大家十分关注的问题，当今网络信息时代，网络已经成为我们日常生活中不可或缺的一部分。然而，网络的双面性也带来了诸多安全隐患，信息安全隐患日益突出表现在个人信息泄露、网络欺诈、黑客攻击等方面。这些安全问题给广大网民带来了巨大的经济损失和精神损害。在我国，政府高度重视这一问题，不断加强对网络犯罪的打击力度，提高网络安全防护水平。此外，众多企业和研究机构也在致力于研发更为安全的网络技术和产品，为广大用户提供安全可靠的网络环境。

　　网络空间的不稳定因素也对国家安全和社会稳定构成威胁。网络战、网络恐怖主义等新兴安全问题日益凸显，如何确保国家网络安全成为当务之急。我国政府积极采取措施，加强网络安全体系建设，提升国家网络安全防护能力。同时，通过开展网络安全教育，增强全民网络安全意识，共同维护网络空间的和谐与稳定。

　　在这个背景下，我们每个人都应认识到网络与信息安全的重要性，加强自我保护意识。在日常生活中，我们要遵循安全上网的原则，不轻信网络谣言，防范网络诈骗，保护个人隐私。同

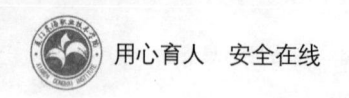

时，我们要关注网络安全动态，学习网络安全知识，提高自身网络安全防护能力。

第一节　个人信息安全

随着科技的发展，互联网已经深入我们生活的方方面面，人们在享受网络带来的便捷的同时，也面临着个人信息泄露和受到诈骗的风险。近年来，我国政府高度重视个人信息安全问题，不断完善相关法律法规，加大打击侵犯个人信息、电信诈骗等违法犯罪的力度，通过宣传、学习教育等手段提高大家对个人信息安全的认识和防范诈骗的意识。

一、案例警示

案例回放一

2023年5月6日上午，2022级的熊同学电话联系辅导员，宣称自己可能被骗了，原因是熊同学想学视频剪辑的技术，于是通过微信小程序上报辅导班学习，但学费缴纳后却迟迟未收到课程，客服也将熊同学拉黑，了解情况后，辅导员第一时间带熊同学到派出所进行报案处理，本次事件熊同学共计被骗1688元。

▶ **案例分析**

由于正规渠道的课程培训费用较高，因此，一些不法分子抓住了人们"贪图小便宜"的心理，在网上到处散布广告，利用各类平台直播间吸引流量，将潜在客户拉至群聊，并诱导受害人下载指定的软件规避网上预警和监管，在群聊中发布一些教学的

短视频和听课链接，并做虚假宣传，让受害人签合同，声称一次收费后期将不再有任何费用，待受害人缴费后，只发送听课的链接，没有专门授课、辅导，如果受害人需要相关套餐则需要另外交费，此时，受害人如果要退课，商家会以合同条例要求受害人缴纳一笔违约金，在互联网签署协议和交易时，一定要使用官方经营或者授权的第三方平台进行协议签署和交易，或者咨询官方平台寻找可靠渠道。

案例回放二

2023 年 10 月 25 日，我校 2023 级学生吴某某在小红书平台看到一条出售手机的信息，吴某某加了发信息人的微信，在对方的引导下支付宝转账支付了 2400 元购买手机，付款后被卖家拉黑联系方式，吴某某意识到上当受骗，感到焦虑无法入眠。2023 年 10 月 26 日 2:05，一位小红书平台用户李某某主动联系到吴某某，称可以帮忙找回被骗的钱，并以需要资金对冲为由收取定金，要求吴某某进行银行卡转账，吴某某先后向其银行卡转账 3915 元后，李某某表示当天 10:00 前定金和被骗资金均会到账。在收到转账后，李某某失联，但吴某某仍抱有侥幸心理。2023 年 10 月 26 日 10:15，依旧无法联系上李某某，并且定金和被骗资金均未到账，吴某某找到辅导员寻求帮助，辅导员了解情况后立刻陪同其到派出所进行报案，在派出所民警和辅导员的分析和讲解下，此时她才意识到自己再次上当受骗了，累计被骗 6315 元，派出所民警对诈骗分子的收款账号和银行卡进行了冻结，但其中钱款已被转移。

▶ **案例分析**

近年来，个人闲置物品的网络交易、交易人数、交易量发展迅速。各大二手商品网络交易平台的出现，更促进了社会个人闲置二手商品交易的繁荣，但不可忽视的是二手商品网络交易平台中销售者发布的商品常会鱼目混珠，侵害合法权益的事件多有发生。从促进全社会个人闲置二手物品线上交易健康、规范、有序发展，以及平等保护市场交易主体合法权益的角度考虑，合理将长期从事二手交易营利活动的销售者界定为经营者，适用消费者权益保护法的相关规定，以切实维护消费者的合法权益。

二、安全贴士

请认清以下诈骗行为：

（1）冒充客服（要求转账汇款、索要二维码就是诈骗）；

（2）网络贷款，先交钱；

（3）冒充熟人、领导借钱；

（4）兼职刷单刷信誉；

（5）交友、赌博、投资（要求转账投资包中、稳赚就是诈骗）；

（6）非官方途径购买课程是诈骗；

（7）网恋需小心杀猪盘（小心被诈骗，裸聊被敲诈）；

（8）高薪兼职（不要贪图小便宜）。

以下行为是犯法行为：

（1）租借银行卡；

（2）租借、买卖微信号（包括帮人解绑微信号）；

（3）帮人充值赌资（代充赌博网站赌资等行为）。

注意：不要贪图小便宜，收资返利就是同伙，量刑根据金额判定。

第二节　国家信息安全

网络空间已成为国家安全的重要领域。网络攻击、黑客入侵等行为可能对国家基础设施、军事、政治等领域造成严重威胁。因此，国家安全部门应加强网络监控与防御，确保国家网络安全。

一、案例警示

案例回放一

赵某是一名航天领域的科研人员，在赴国外大学做访问学者期间，被境外间谍情报机关人员一步步拉拢策反，出卖科研进展情况，严重危害我国家安全。起初，对方只是约他吃饭出游、赠送礼物。随着双方关系拉近，对方不时向他询问一些敏感问题，并支付不菲的咨询费用。赵某临近回国前，对方向他亮明了间谍情报机关人员身份，将赵某策反。随后，该国间谍情报机关为赵某配备了专用U盘和网站，用于下达任务指令和回传情报信息。赵某访学结束回国后，在国内多地继续与该国间谍情报机关人员多次见面，通过当面交谈及专用网站传递等方式向对方提供了大量涉密资料，并以现金形式收取回报。不久后，赵某的间谍行为引起了国家安全机关的注意。2019年6月，北京市国家安全机关依法对赵某采取强制措施。2022年8月，人民法院以间谍罪判处赵某有期徒刑7年，剥夺政治权利3年，并处没收个人财产人民

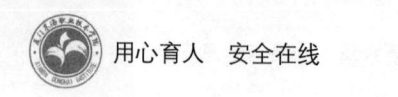

币 20 万元。

▶ **案例分析**

赵某航天领域专家的身份被境外间谍情报机关重点关注，进而被拉拢策反。与此类案件所不同的是，近年来，国家安全机关工作掌握，境外一些组织机构利用个别人对外国生活的向往，诱骗我国公民至国外，逼迫其从事污蔑抹黑我国家形象的活动，严重危害国家安全和公民人身安全。

案例回放二

河北省国家安全机关发现，郑某和王某是一家境外所谓"移民服务公司"的境内骨干成员。该公司以"正常渠道移民"为幌子，在我国境内招揽客户，号称仅需 10 万元"办证费"即可办理移民手续。该团伙通过办理旅游签证等方式，将"客户"运作出国。等到"客户"顺利抵达国外后，该团伙才暴露出真实嘴脸。他们通过威逼利诱等方式，要求"客户"伪造包括户口本、拘传证、强制堕胎证明在内的各类"证件文书"，宣称自己"在国内遭受迫害"，以"无中生有"的所谓"罪证"造谣抹黑我国家形象。随后，该团伙还会以"政治避难代办费"等各种名义向"客户"不断索要费用。"客户"当中的许多人最终因交不起费用，被该团伙抛弃，在家人的接济下艰难返回国内。2021 年 10 月，河北省国家安全机关依法对郑某、王某采取强制措施。2022 年 5 月，人民法院分别判处郑某、王某有期徒刑 3 年 9 个月、3 年 6 个月。

▶ **案例分析**

无论是因蝇头小利逐渐落入圈套，还是以"移民美梦"诱

骗利用他人，这些为个人私利损害国家利益、危害国家安全的行为，最终也使自己付出了惨痛代价。国家安全机关提示，国门之外非法外之地，无论身处何处，维护国家安全都是每一个中国公民应尽的责任和义务。

二、安全贴士

（1）照片不任意拍。不能在军事基地、军用港口等地未经允许拍照，更不要在朋友圈分享部队训练、武器装备、军人军装照等照片。

（2）工作不盲目干。工作中不要有可能泄露国家秘密的行为，比如，提供涉密单位尚未公开的内部信息，或者利用工作之便提供相关国家机密以牟利。

（3）东西不随便买卖。不能非法购买或出售卫星数据接收卡、无线摄像笔、实时视频无线监控器、GPS跟踪定位器、钥匙扣密拍器等专用间谍器材。

（4）信息不非法传。不参与出版和传播政治性非法出版物，不利用电子邮件、电子论坛等网络传播途径美化西方社会，诋毁我国形象。

（5）电脑内外网不混用。不要在内网专用电脑上使用无线网卡、无线鼠标、无线键盘等无线设备以及外单位的存储介质，还要记得及时更新杀毒软件。

第七篇　环境安全

自然灾害是自然界中发生的异常现象，其中地震、暴雨、雷电、大风、洪水、泥石流等突发性灾害给人类生命财产造成重大损失。2014年各类自然灾害共造成全国24 353.7万人次受灾，1 583人死亡。在遭遇自然灾害的时候，除及时告知政府部门救援外，学习防灾、自救和互救知识，在遇险时及时应变，可以减少事故发生，保障自己和他人的人身安全，减轻受灾程度。

第一节　地　震

案例回放

2008年5月12日14时28分04秒，四川省阿坝藏族羌族自治州汶川县发生里氏8.0级地震，地震造成87 149人遇难，374 643人受伤，17 923人失踪。这次地震是中华人民共和国成立以来破坏力最大的地震，也是唐山大地震后伤亡最惨重的一次。

一、什么是地震

地震又称地动，是地壳快速释放能量过程中造成振动，其间

会产生地震波的一种自然现象。地球上板块与板块之间相互挤压碰撞，造成板块边缘及板块内部产生错动和破裂，是引起地面震动的主要原因。

二、震源、震中和地震波

震源：地球内发生地震的地方。

震源深度：震源垂直向上到地表的距离是震源深度。我们把地震发生在60千米以内的称为浅源地震；60~300千米为中源地震；300千米以上为深源地震。目前有记录的最深震源达720千米。

震中：震源上方正对着的地面称为震中，震中及其附近的地方称为震中区，也称极震区。震中到地面上任一点的距离叫震中距离（简称震中距）。震中距在100千米以内的称为地方震；在1 000千米以内称为近震；大于1 000千米称为远震。

地震波：地震时，在地球内部出现的弹性波叫作地震波。这就像把石子投入水中，水波会向四周一圈一圈地扩散一样。

三、什么是震级

震级是地震释放能量的大小。震级小于3级的地震为弱震；震级大于或等于3级，小于或等于5级的地震为有感地震；震级大于5级小于6级的地震为中强震；等于或大于6级的地震为强震，其中震级大于或等于8级的地震为巨大地震。

四、应对方案

1. 在学校如何避震

（1）在教室上课遭遇地震时，不要乱跑或者跳楼，应迅速躲进跨度小的空间，保护头部。地震后，有组织地撤离教室，到附近的开阔地带避震。

（2）在操场或室外的学生，应避开危险物和高大建筑物。不要乱挤乱拥，原地蹲下，双手保护头部。

2. 在家里如何避震

（1）地震时如在家里，应立即关闭煤气和电闸，防止触电和发生火情。与地震相比，地震所引起的火灾往往更可怕。

（2）如果住的是平房，且离门很近，应迅速跑到门外空旷地方。

（3）尽量躲在体积小的房间，如卫生间、厨房等，最好能找一个可形成三角空间的地方。

（4）可以就近伏在坚固家具下面或旁边，待震后迅速撤离。

3. 工厂实习避震

如距离车间门较近，应迅速撤至车间外空旷地避震，如距车间门较远，应迅速关闭机器的电源开关，同时躲在墙角下、坚固的机器或桌椅旁。

第二节　台　风

案例回放

2016年9月15日凌晨，从厦门市翔安区登陆的第14号台风"莫兰蒂"，就属于"强台风"级别，登陆时近中心最大风力15级（48米/秒），狂风大作、大雨瓢泼，造成厦门部分地区停水停电，多地地面积水、房屋坍塌、人员被困，受灾严重。厦门东海职业技术学院也深受影响，树木倒伏，玻璃破裂，建筑物受

损，低洼地带积水严重，室外设施损毁等。

一、什么是台风

台风是形成于热带洋面上的热带气旋，是最严重的自然灾害之一，它威力极大，破坏力极强。台风按照其强度，分为六个等级：热带低压、热带风暴、强热带风暴、台风、强台风和超强台风。全球每年形成的台风有很多，其中以北太平洋西部及中国南海地区生成的台风最多也最强，每年生成24个左右。厦门东海职业技术学院位于我国东南沿海，正处在受台风影响的高危地区，2013年热带风暴"西马仑"、2016年强台风"莫兰蒂"经过后，学校都遭到了严重破坏。

一般每年7—9月是台风的高发期，也是防台抗台的关键时期，这三个月恰逢暑假、迎新、军训等，给学校防抗台风工作带来不少挑战。

二、台风有哪些危害

台风是一种破坏力很强的灾害性自然现象，其危害主要有三个方面：

（1）大风危害。台风中心附近最大风力一般为8级以上，这种风力会给侵袭地带来极大的灾害。

（2）暴雨灾害。台风是最强的暴雨自然现象之一，在台风经过的地区，一般能产生150毫米~300毫米降雨，少数台风能产生1000毫米以上的特大暴雨。1975年第三号台风在淮河上游产生的特大暴雨，创造了我国暴雨极值，形成了河南"75.8"大

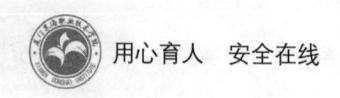

洪水。

（3）风暴潮灾害。一般台风能使沿岸海水产生增水，江苏省沿海最大增水可达3米。"9608"和"9711"号台风增水，使江苏沿江沿海出现超历史的高潮位。

台风过境时常常带来狂风暴雨天气，引起海面巨浪，严重威胁航海安全。台风登陆后带来的风暴增水可能摧毁庄稼、各种建筑设施等，造成人民生命财产的巨大损失。

三、如何应对台风天气

（1）及时转移到安全地带，避开危旧住房和临时建筑。

（2）关闭门窗，用胶布等固定窗户玻璃。

（3）收起屋内外的各种悬挂物，必要时进行加固。

（4）准备手电筒、蜡烛，储存饮用水和食物，以备防断水断电之需。

（5）尽量在家办公，如必须外出工作，应反复关注气象信息，不要乘坐地铁等工具。

（6）台风来，听预报，加固堤坝通水道，煤气电路检修好，临时建筑整牢靠，船进港口深抛锚，减少出行看信号。

（7）台风后，要做好救护工作。

第三节　雷　电

案例回放

2007年7月23日重庆市开县义（今开州区）和镇兴业村小

学遭受雷击，造成7名小学生死亡、44名小学生受伤，其中5人重伤。经进一步调查显示，23日16时34分，兴业村小学突遭雷击，造成7名小学生死亡，其中5人为六年级学生，2人为四年级学生，年龄最小的10岁，年龄最大的14岁。受伤的44名小学生是四年级或六年级学生，年龄9~14岁。

一、什么是雷电

雷电是伴有闪电和雷鸣的一种放电现象。雷电一般产生于对流发展旺盛的积雨云中，因此常伴有强烈的阵风和暴雨，有时还伴有冰雹和龙卷风。

二、形成雷电的原因有哪些

由于云层相互摩擦、碰撞而使不同的云层带不同的电。当电压达到可以穿过空气的程度以后，临近的两片云层会发生放电现象，产生电花和巨大的响声。肉眼看到的一次闪电，其过程是很复杂的。当雷雨云移到某处时，云的中下部是强大的负电荷中心，云底相对的地面变成正电荷中心，在云底与地面间形成强大电场。

三、预防雷电的措施有哪些

1. 室内防止雷电灾害的措施

（1）发生雷雨时，一定要及时关好门窗，防止直击雷和球形雷的入侵。同时还要尽量远离门窗、阳台和外墙壁，否则，一旦雷击房屋，你可能会受到接触电压和旁侧闪击的伤害，成为雷电电流的导体。

（2）在室内不要靠近、更不要触摸任何金属管线，包括水管、暖气管、煤气管等。特别提醒在雷雨天气不要洗澡，尤其是不要使用太阳能热水器洗澡。

（3）在房间里不要使用任何家用电器，包括电视、电脑、电话、冰箱、洗衣机、微波炉等。

（4）要保持室内地面的干燥以及各种电器和金属管线的良好接地。如果室内的地板或电器线路潮湿，就有可能会发生雷电电流漏电伤及人员。室内的金属管线如果接地不好，接地电阻很大，雷电电流不能很通畅地泄放到大地，就会击穿空气的间隙，向人体放电，造成人员伤亡。

2. 室外防止雷电灾害的措施

（1）由于云与大地之间发生的雷电是有选择性的，一般高大的物体以及物体的尖端是容易被雷击的，所以在室外请不要靠近铁塔、烟囱、电线杆等高大物体，更不要躲在大树下或者到孤立的棚子和小屋里避雨。

（2）如果在室外无处躲藏，你可以躲在与避雷装置顶成45°夹角的圆锥范围内，这是一个避雷针安全保护的区域，但不要靠近这些建筑物或构筑物。

（3）在郊外旷野里，要找一块地势低的地方，站在干燥的、最好是有绝缘功能的物体上，蹲下且两脚并拢，使两腿之间不会产生电位差。

（4）在室外千万不要接触任何金属的东西，像电线、钢管、铁轨等导电的物体。

（5）当你在野外高山活动时，最好是躲在山洞的里面，并且尽量躲到山洞深处，你的两脚也要并拢，身体也不可接触洞壁。

（6）在雷雨天气时，千万不要到江、河、湖、塘等水面附近去活动，要尽快上岸躲避，并且要远离水面。

（7）如果身边有汽车，将车的门窗关闭好躲在车里，也是很安全的。因为金属的汽车外壳是非常好的屏障。

四、被雷击伤后该如何急救

（1）受雷击而烧伤或严重休克的人，身体不带电，抢救时可以立即扑灭他身上的火，实施紧急抢救。

（2）若伤者失去知觉，但有呼吸和心跳，则有可能自行恢复。应该使其舒展平卧，安静休息后送医院治疗。

（3）若伤者已经停止呼吸和心跳，应迅速果断地交替进行口对口人工呼吸和心脏按压，并及时送往医院抢救。

第四节　暴　雨

案例回放

2012年7月21日，一场全市范围内的降雨突袭北京，截至22日6时，全市平均降雨量170毫米，城区平均降雨量为215毫米，这也是北京自1951年有气象观测记录以来观测到的最大值。这次降雨从21日10时左右开始，降雨致主城区多地积水严重，多条交通线受阻，多部门已启动应急响应，北京多区县已紧急转移14 152人。截至22日17时，这场暴雨在北京市内共导致37

人死亡。其中，溺水死亡25人，房屋倒塌致死6人，雷击致死1人，触电死亡5人。

一、什么是暴雨

我国气象部门定义，每小时降雨量16毫米以上、连续12小时降雨量30毫米以上、24小时降水量50毫米或以上的雨称为"暴雨"。

二、暴雨预警信号

暴雨预警信号分四级，分别以蓝色、黄色、橙色、红色表示。暴雨蓝色预警：12小时内降雨量将达50毫米以上，或者已达50毫米以上且降雨可能持续。暴雨黄色预警：6小时内降雨量将达50毫米以上，或者已达50毫米以上且降雨可能持续。暴雨橙色预警：3小时内降雨量将达50毫米以上，或者已达50毫米以上且降雨可能持续。暴雨红色预警：3小时内降雨量将达100毫米以上，或者已达100毫米以上且降雨可能持续。

三、暴雨的危害

（1）城市内涝。城市内涝会造成严重的经济损失，包括房屋地基因积水而造成的损坏、财产因进水而造成的损失、交通瘫痪对物流行业造成的影响、施工场地停工而造成的损失等。城市内涝会对城市卫生造成很大的影响，会导致河流溢流污染，还会因长时间浸泡垃圾等产生恶臭，对周边水体产生非常大的影响。城市内涝在短时间内给城市带来较大的排水压力，当大量径流沿河道输送至下游时，会严重影响下游城市的行洪，给下游城市带来

严重的排水压力。城市内涝对周边生态系统的破坏也是极其严重的，城市本身处在一个生态环境极为脆弱的体系之中，长期的淹水条件会对动植物生长造成很严重的影响。

（2）洪涝灾害。由暴雨引起的洪涝会淹没作物，使作物新陈代谢难以正常进行而发生各种伤害，淹水越深，淹没时间越长，危害越严重。特大暴雨引起的山洪暴发、河流泛滥，不仅危害农作物、果树、林业和渔业，而且还冲毁农舍和工农业设施，甚至造成人畜伤亡，经济损失严重。

四、如何预防暴雨带来的危害

（1）预防居民住房发生小内涝，可因地制宜，在家门口放置挡水板或堆砌土坎。

（2）室外积水漫入室内时，应立即切断电源，防止积水带电伤人。

（3）在户外积水中行走时，要注意观察，贴近建筑物行走，防止跌入井、地坑等。

（4）驾驶员遇到路面或立交桥下积水过深时，应尽量绕行，避免强行通过。如果车辆被困水中，要立即解开安全带，同时打开车门电子中控锁，以防车门电路失灵。如果是刚刚积水，一定要及时打开车窗，全力打开车门逃生。但如果错过这个时间点，也不要惊慌失措，要选择破窗逃生。破窗的方式也有技巧，在车身玻璃中，挡风玻璃最厚，人在车里面很难砸破，车门窗和天窗最薄，选择边角部位，相对容易砸碎。

（5）家住平房的居民应在雨季来临之前检查房屋，维修房

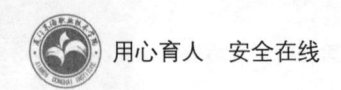

顶。日常生活中不要将垃圾、杂物丢入马路下水道，以防堵塞，积水成灾。

（6）暴雨期间尽量不要外出，必须外出时应尽可能绕过积水严重的地段。在山区旅游时，注意防范山洪。上游来水突然浑浊、水位上涨较快时，须特别注意。

第五节　洪　水

案例回放

1998年夏季，中国南方普降罕见暴雨。持续不断的大雨以逼人的气势铺天盖地地压向长江，使长江无须臾喘息之机地经历了自1954年以来最大的洪水。洪水一泻千里，几乎全流域泛滥。加上东北的松花江、嫩江泛滥，全国包括受灾最重的江西、湖南、湖北、黑龙江四省，共有29个省、自治区、直辖市都遭受了这场无妄之灾，受灾人数上亿。

一、什么是洪水

洪水是指河流、海洋、湖泊等水位上涨超过一定界限，威胁有关地区的安全，甚至造成灾害的水流，又称大水。

二、洪水形成的原因

洪水是由暴雨、急剧融冰化雪、风暴潮等自然因素引起的江河湖泊水量迅速增加，或者水位迅猛上涨的一种自然现象，是自然灾害的一种。

三、如何应对洪水来袭

（1）洪水到来时，来不及转移的人员，要就近迅速向山坡、高地、楼房、避洪台等地转移，或者立即爬上屋顶、楼房高层、大树、高墙等高的地方暂避。

（2）如洪水继续上涨，暂避的地方已难自保，则要充分利用准备好的救生器材逃生，或者迅速找一些门板、桌椅、木床、大块的泡沫塑料等能漂浮的材料扎成筏逃生。

（3）如果已被洪水包围，要设法尽快与当地政府防汛部门取得联系，报告自己的方位和险情，积极寻求救援。千万不要游泳逃生，不可攀爬带电的电线杆、铁塔，也不要爬到泥坯房的屋顶。

（4）如已被卷入洪水中，一定要尽可能抓住固定的或能漂浮的东西，寻找机会逃生。

（5）发现高压线铁塔倾斜或者电线断头下垂时，一定要迅速远避，防止直接触电或因地面"跨步电压"触电。

（6）洪水过后，要做好各项卫生防疫工作，预防疾病的流行。

附录一

《中华人民共和国治安管理处罚法》

第一章 总 则

第一条 为维护社会治安秩序，保障公共安全，保护公民、法人和其他组织的合法权益，规范和保障公安机关及其人民警察依法履行治安管理职责，制定本法。

第二条 扰乱公共秩序，妨害公共安全，侵犯人身权利、财产权利，妨害社会管理，具有社会危害性，依照《中华人民共和国刑法》的规定构成犯罪的，依法追究刑事责任；尚不够刑事处罚的，由公安机关依照本法给予治安管理处罚。

第三条 治安管理处罚的程序，适用本法的规定；本法没有规定的，适用《中华人民共和国行政处罚法》的有关规定。

第四条 在中华人民共和国领域内发生的违反治安管理行为，除法律有特别规定的外，适用本法。

在中华人民共和国船舶和航空器内发生的违反治安管理行为，除法律有特别规定的外，适用本法。

附录一 《中华人民共和国治安管理处罚法》

第五条 治安管理处罚必须以事实为依据，与违反治安管理行为的性质、情节以及社会危害程度相当。

实施治安管理处罚，应当公开、公正，尊重和保障人权，保护公民的人格尊严。

办理治安案件应当坚持教育与处罚相结合的原则。

第六条 各级人民政府应当加强社会治安综合治理，采取有效措施，化解社会矛盾，增进社会和谐，维护社会稳定。

第七条 国务院公安部门负责全国的治安管理工作。县级以上地方各级人民政府公安机关负责本行政区域内的治安管理工作。

治安案件的管辖由国务院公安部门规定。

第八条 违反治安管理的行为对他人造成损害的，行为人或者其监护人应当依法承担民事责任。

第九条 对于因民间纠纷引起的打架斗殴或者损毁他人财物等违反治安管理行为，情节较轻的，公安机关可以调解处理。经公安机关调解，当事人达成协议的，不予处罚。经调解未达成协议或者达成协议后不履行的，公安机关应当依照本法的规定对违反治安管理行为人给予处罚，并告知当事人可以就民事争议依法向人民法院提起民事诉讼。

第二章 处罚的种类和适用

第十条 治安管理处罚的种类分为：

（一）警告；

（二）罚款；

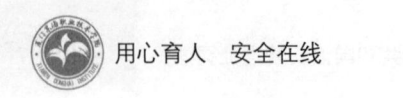

（三）行政拘留；

（四）吊销公安机关发放的许可证。

对违反治安管理的外国人，可以附加适用限期出境或者驱逐出境。

第十一条 办理治安案件所查获的毒品、淫秽物品等违禁品，赌具、赌资，吸食、注射毒品的用具以及直接用于实施违反治安管理行为的本人所有的工具，应当收缴，按照规定处理。

违反治安管理所得的财物，追缴退还被侵害人；没有被侵害人的，登记造册，公开拍卖或者按照国家有关规定处理，所得款项上缴国库。

第十二条 已满十四周岁不满十八周岁的人违反治安管理的，从轻或者减轻处罚；不满十四周岁的人违反治安管理的，不予处罚，但是应当责令其监护人严加管教。

第十三条 精神病人在不能辨认或者不能控制自己行为的时候违反治安管理的，不予处罚，但是应当责令其监护人严加看管和治疗。间歇性的精神病人在精神正常的时候违反治安管理的，应当给予处罚。

第十四条 盲人或者又聋又哑的人违反治安管理的，可以从轻、减轻或者不予处罚。

第十五条 醉酒的人违反治安管理的，应当给予处罚。

醉酒的人在醉酒状态中，对本人有危险或者对他人的人身、财产或者公共安全有威胁的，应当对其采取保护性措施约束至酒醒。

第十六条 有两种以上违反治安管理行为的，分别决定，合

并执行。行政拘留处罚合并执行的，最长不超过二十日。

第十七条 共同违反治安管理的，根据违反治安管理行为人在违反治安管理行为中所起的作用，分别处罚。

教唆、胁迫、诱骗他人违反治安管理的，按照其教唆、胁迫、诱骗的行为处罚。

第十八条 单位违反治安管理的，对其直接负责的主管人员和其他直接责任人员依照本法的规定处罚。其他法律、行政法规对同一行为规定给予单位处罚的，依照其规定处罚。

第十九条 违反治安管理有下列情形之一的，减轻处罚或者不予处罚：

（一）情节特别轻微的；

（二）主动消除或者减轻违法后果，并取得被侵害人谅解的；

（三）出于他人胁迫或者诱骗的；

（四）主动投案，向公安机关如实陈述自己的违法行为的；

（五）有立功表现的。

第二十条 违反治安管理有下列情形之一的，从重处罚：

（一）有较严重后果的；

（二）教唆、胁迫、诱骗他人违反治安管理的；

（三）对报案人、控告人、举报人、证人打击报复的；

（四）六个月内曾受过治安管理处罚的。

第二十一条 违反治安管理行为人有下列情形之一，依照本法应当给予行政拘留处罚的，不执行行政拘留处罚：

（一）已满十四周岁不满十六周岁的；

（二）已满十六周岁不满十八周岁，初次违反治安管理的；

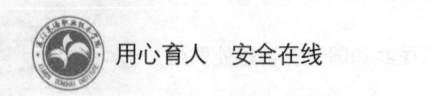

（三）七十周岁以上的；

（四）怀孕或者哺乳自己不满一周岁婴儿的。

第二十二条 违反治安管理行为在六个月内没有被公安机关发现的，不再处罚。

前款规定的期限，从违反治安管理行为发生之日起计算；违反治安管理行为有连续或者继续状态的，从行为终了之日起计算。

第三章　违反治安管理的行为和处罚

第一节　扰乱公共秩序的行为和处罚

第二十三条 有下列行为之一的，处警告或者二百元以下罚款；情节较重的，处五日以上十日以下拘留，可以并处五百元以下罚款：

（一）扰乱机关、团体、企业、事业单位秩序，致使工作、生产、营业、医疗、教学、科研不能正常进行，尚未造成严重损失的；

（二）扰乱车站、港口、码头、机场、商场、公园、展览馆或者其他公共场所秩序的；

（三）扰乱公共汽车、电车、火车、船舶、航空器或者其他公共交通工具上的秩序的；

（四）非法拦截或者强登、扒乘机动车、船舶、航空器以及其他交通工具，影响交通工具正常行驶的；

（五）破坏依法进行的选举秩序。

聚众实施前款行为的，对首要分子处十日以上十五日以下拘

留，可以并处一千元以下罚款。

第二十四条　有下列行为之一，扰乱文化、体育等大型群众性活动秩序的，处警告或者二百元以下罚款；情节严重的，处五日以上十日以下拘留，可以并处五百元以下罚款：

（一）强行进入场内的；

（二）违反规定，在场内燃放烟花爆竹或者其他物品的；

（三）展示侮辱性标语、条幅等物品的；

（四）围攻裁判员、运动员或者其他工作人员的；

（五）向场内投掷杂物，不听制止的；

（六）扰乱大型群众性活动秩序的其他行为。

因扰乱体育比赛秩序被处以拘留处罚的，可以同时责令其十二个月内不得进入体育场馆观看同类比赛；违反规定进入体育场馆的，强行带离现场。

第二十五条　有下列行为之一的，处五日以上十日以下拘留，可以并处五百元以下罚款；情节较轻的，处五日以下拘留或者五百元以下罚款：

（一）散布谣言，谎报险情、疫情、警情或者以其他方法故意扰乱公共秩序的；

（二）投放虚假的爆炸性、毒害性、放射性、腐蚀性物质或者传染病病原体等危险物质扰乱公共秩序的；

（三）扬言实施放火、爆炸、投放危险物质扰乱公共秩序的。

第二十六条　有下列行为之一的，处五日以上十日以下拘留，可以并处五百元以下罚款；情节较重的，处十日以上十五日以下拘留，可以并处一千元以下罚款：

（一）结伙斗殴的；

（二）追逐、拦截他人的；

（三）强拿硬要或者任意损毁、占用公私财物的；

（四）其他寻衅滋事行为。

第二十七条 有下列行为之一的，处十日以上十五日以下拘留，可以并处一千元以下罚款；情节较轻的，处五日以上十日以下拘留，可以并处五百元以下罚款：

（一）组织、教唆、胁迫、诱骗、煽动他人从事邪教、会道门活动或者利用邪教、会道门、迷信活动，扰乱社会秩序、损害他人身体健康的；

（二）冒用宗教、气功名义进行扰乱社会秩序、损害他人身体健康活动的。

第二十八条 违反国家规定，故意干扰无线电业务正常进行的，或者对正常运行的无线电台（站）产生有害干扰，经有关主管部门指出后，拒不采取有效措施消除的，处五日以上十日以下拘留；情节严重的，处十日以上十五日以下拘留。

第二十九条 有下列行为之一的，处五日以下拘留；情节较重的，处五日以上十日以下拘留：

（一）违反国家规定，侵入计算机信息系统，造成危害的；

（二）违反国家规定，对计算机信息系统功能进行删除、修改、增加、干扰，造成计算机信息系统不能正常运行的；

（三）违反国家规定，对计算机信息系统中存储、处理、传输的数据和应用程序进行删除、修改、增加的；

（四）故意制作、传播计算机病毒等破坏性程序，影响计算

机信息系统正常运行的。

第二节 妨害公共安全的行为和处罚

第三十条 违反国家规定，制造、买卖、储存、运输、邮寄、携带、使用、提供、处置爆炸性、毒害性、放射性、腐蚀性物质或者传染病病原体等危险物质的，处十日以上十五日以下拘留；情节较轻的，处五日以上十日以下拘留。

第三十一条 爆炸性、毒害性、放射性、腐蚀性物质或者传染病病原体等危险物质被盗、被抢或者丢失，未按规定报告的，处五日以下拘留；故意隐瞒不报的，处五日以上十日以下拘留。

第三十二条 非法携带枪支、弹药或者弩、匕首等国家规定的管制器具的，处五日以下拘留，可以并处五百元以下罚款；情节较轻的，处警告或者二百元以下罚款。

非法携带枪支、弹药或者弩、匕首等国家规定的管制器具进入公共场所或者公共交通工具的，处五日以上十日以下拘留，可以并处五百元以下罚款。

第三十三条 有下列行为之一的，处十日以上十五日以下拘留：

（一）盗窃、损毁油气管道设施、电力电信设施、广播电视设施、水利防汛工程设施或者水文监测、测量、气象测报、环境监测、地质监测、地震监测等公共设施的；

（二）移动、损毁国家边境的界碑、界桩以及其他边境标志、边境设施或者领土、领海标志设施的；

（三）非法进行影响国（边）界线走向的活动或者修建有碍国（边）境管理的设施的。

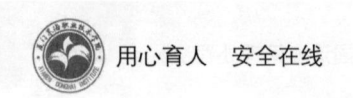

第三十四条 盗窃、损坏、擅自移动使用中的航空设施，或者强行进入航空器驾驶舱的，处十日以上十五日以下拘留。

在使用中的航空器上使用可能影响导航系统正常功能的器具、工具，不听劝阻的，处五日以下拘留或者五百元以下罚款。

第三十五条 有下列行为之一的，处五日以上十日以下拘留，可以并处五百元以下罚款；情节较轻的，处五日以下拘留或者五百元以下罚款：

（一）盗窃、损毁或者擅自移动铁路设施、设备、机车车辆配件或者安全标志的；

（二）在铁路线路上放置障碍物，或者故意向列车投掷物品的；

（三）在铁路线路、桥梁、涵洞处挖掘坑穴、采石取沙的；

（四）在铁路线路上私设道口或者平交过道的。

第三十六条 擅自进入铁路防护网或者火车来临时在铁路线路上行走坐卧、抢越铁路，影响行车安全的，处警告或者二百元以下罚款。

第三十七条 有下列行为之一的，处五日以下拘留或者五百元以下罚款；情节严重的，处五日以上十日以下拘留，可以并处五百元以下罚款：

（一）未经批准，安装、使用电网的，或者安装、使用电网不符合安全规定的；

（二）在车辆、行人通行的地方施工，对沟井坎穴不设覆盖物、防围和警示标志的，或者故意损毁、移动覆盖物、防围和警示标志的；

（三）盗窃、损毁路面井盖、照明等公共设施的。

第三十八条　举办文化、体育等大型群众性活动，违反有关规定，有发生安全事故危险的，责令停止活动，立即疏散；对组织者处五日以上十日以下拘留，并处二百元以上五百元以下罚款；情节较轻的，处五日以下拘留或者五百元以下罚款。

第三十九条　旅馆、饭店、影剧院、娱乐场、运动场、展览馆或者其他供社会公众活动的场所的经营管理人员，违反安全规定，致使该场所有发生安全事故危险，经公安机关责令改正，拒不改正的，处五日以下拘留。

第三节　侵犯人身权利、财产权利的行为和处罚

第四十条　有下列行为之一的，处十日以上十五日以下拘留，并处五百元以上一千元以下罚款；情节较轻的，处五日以上十日以下拘留，并处二百元以上五百元以下罚款：

（一）组织、胁迫、诱骗不满十六周岁的人或者残疾人进行恐怖、残忍表演的；

（二）以暴力、威胁或者其他手段强迫他人劳动的；

（三）非法限制他人人身自由、非法侵入他人住宅或者非法搜查他人身体的。

第四十一条　胁迫、诱骗或者利用他人乞讨的，处十日以上十五日以下拘留，可以并处一千元以下罚款。

反复纠缠、强行讨要或者以其他滋扰他人的方式乞讨的，处五日以下拘留或者警告。

第四十二条　有下列行为之一的，处五日以下拘留或者五百元以下罚款；情节较重的，处五日以上十日以下拘留，可以并处

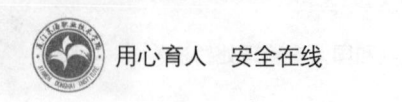

五百元以下罚款：

（一）写恐吓信或者以其他方法威胁他人人身安全的；

（二）公然侮辱他人或者捏造事实诽谤他人的；

（三）捏造事实诬告陷害他人，企图使他人受到刑事追究或者受到治安管理处罚的；

（四）对证人及其近亲属进行威胁、侮辱、殴打或者打击报复的；

（五）多次发送淫秽、侮辱、恐吓或者其他信息，干扰他人正常生活的；

（六）偷窥、偷拍、窃听、散布他人隐私的。

第四十三条　殴打他人的，或者故意伤害他人身体的，处五日以上十日以下拘留，并处二百元以上五百元以下罚款；情节较轻的，处五日以下拘留或者五百元以下罚款。

有下列情形之一的，处十日以上十五日以下拘留，并处五百元以上一千元以下罚款：

（一）结伙殴打、伤害他人的；

（二）殴打、伤害残疾人、孕妇、不满十四周岁的人或者六十周岁以上的人的；

（三）多次殴打、伤害他人或者一次殴打、伤害多人的。

第四十四条　猥亵他人的，或者在公共场所故意裸露身体，情节恶劣的，处五日以上十日以下拘留；猥亵智力残疾人、精神病人、不满十四周岁的人或者有其他严重情节的，处十日以上十五日以下拘留。

第四十五条　有下列行为之一的，处五日以下拘留或者

附录一 《中华人民共和国治安管理处罚法》

警告：

（一）虐待家庭成员，被虐待人要求处理的；

（二）遗弃没有独立生活能力的被扶养人的。

第四十六条 强买强卖商品，强迫他人提供服务或者强迫他人接受服务的，处五日以上十日以下拘留，并处二百元以上五百元以下罚款；情节较轻的，处五日以下拘留或者五百元以下罚款。

第四十七条 煽动民族仇恨、民族歧视，或者在出版物、计算机信息网络中刊载民族歧视、侮辱内容的，处十日以上十五日以下拘留，可以并处一千元以下罚款。

第四十八条 冒领、隐匿、毁弃、私自开拆或者非法检查他人邮件的，处五日以下拘留或者五百元以下罚款。

第四十九条 盗窃、诈骗、哄抢、抢夺、敲诈勒索或者故意损毁公私财物的，处五日以上十日以下拘留，可以并处五百元以下罚款；情节较重的，处十日以上十五日以下拘留，可以并处一千元以下罚款。

第四节 妨害社会管理的行为和处罚

第五十条 有下列行为之一的，处警告或者二百元以下罚款；情节严重的，处五日以上十日以下拘留，可以并处五百元以下罚款：

（一）拒不执行人民政府在紧急状态情况下依法发布的决定、命令的；

（二）阻碍国家机关工作人员依法执行职务的；

（三）阻碍执行紧急任务的消防车、救护车、工程抢险车、

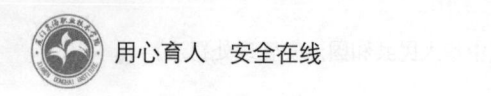

警车等车辆通行的；

（四）强行冲闯公安机关设置的警戒带、警戒区的。

阻碍人民警察依法执行职务的，从重处罚。

第五十一条　冒充国家机关工作人员或者以其他虚假身份招摇撞骗的，处五日以上十日以下拘留，可以并处五百元以下罚款；情节较轻的，处五日以下拘留或者五百元以下罚款。

冒充军警人员招摇撞骗的，从重处罚。

第五十二条　有下列行为之一的，处十日以上十五日以下拘留，可以并处一千元以下罚款；情节较轻的，处五日以上十日以下拘留，可以并处五百元以下罚款：

（一）伪造、变造或者买卖国家机关、人民团体、企业、事业单位或者其他组织的公文、证件、证明文件、印章的；

（二）买卖或者使用伪造、变造的国家机关、人民团体、企业、事业单位或者其他组织的公文、证件、证明文件的；

（三）伪造、变造、倒卖车票、船票、航空客票、文艺演出票、体育比赛入场券或者其他有价票证、凭证的；

（四）伪造、变造船舶户牌，买卖或者使用伪造、变造的船舶户牌，或者涂改船舶发动机号码的。

第五十三条　船舶擅自进入、停靠国家禁止、限制进入的水域或者岛屿的，对船舶负责人及有关责任人员处五百元以上一千元以下罚款；情节严重的，处五日以下拘留，并处五百元以上一千元以下罚款。

第五十四条　有下列行为之一的，处十日以上十五日以下拘留，并处五百元以上一千元以下罚款；情节较轻的，处五日以下

拘留或者五百元以下罚款：

（一）违反国家规定，未经注册登记，以社会团体名义进行活动，被取缔后，仍进行活动的；

（二）被依法撤销登记的社会团体，仍以社会团体名义进行活动的；

（三）未经许可，擅自经营按照国家规定需要由公安机关许可的行业的。

有前款第三项行为的，予以取缔。

取得公安机关许可的经营者，违反国家有关管理规定，情节严重的，公安机关可以吊销许可证。

第五十五条 煽动、策划非法集会、游行、示威，不听劝阻的，处十日以上十五日以下拘留。

第五十六条 旅馆业的工作人员对住宿的旅客不按规定登记姓名、身份证件种类和号码的，或者明知住宿的旅客将危险物质带入旅馆，不予制止的，处二百元以上五百元以下罚款。

旅馆业的工作人员明知住宿的旅客是犯罪嫌疑人员或者被公安机关通缉的人员，不向公安机关报告的，处二百元以上五百元以下罚款；情节严重的，处五日以下拘留，可以并处五百元以下罚款。

第五十七条 房屋出租人将房屋出租给无身份证件的人居住的，或者不按规定登记承租人姓名、身份证件种类和号码的，处二百元以上五百元以下罚款。

房屋出租人明知承租人利用出租房屋进行犯罪活动，不向公安机关报告的，处二百元以上五百元以下罚款；情节严重的，处

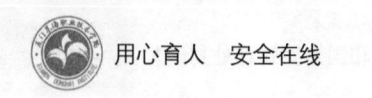

五日以下拘留，可以并处五百元以下罚款。

第五十八条 违反关于社会生活噪声污染防治的法律规定，制造噪声干扰他人正常生活的，处警告；警告后不改正的，处二百元以上五百元以下罚款。

第五十九条 有下列行为之一的，处五百元以上一千元以下罚款；情节严重的，处五日以上十日以下拘留，并处五百元以上一千元以下罚款：

（一）典当业工作人员承接典当的物品，不查验有关证明、不履行登记手续，或者明知是违法犯罪嫌疑人、赃物，不向公安机关报告的；

（二）违反国家规定，收购铁路、油田、供电、电信、矿山、水利、测量和城市公用设施等废旧专用器材的；

（三）收购公安机关通报寻查的赃物或者有赃物嫌疑的物品的；

（四）收购国家禁止收购的其他物品的。

第六十条 有下列行为之一的，处五日以上十日以下拘留，并处二百元以上五百元以下罚款：

（一）隐藏、转移、变卖或者损毁行政执法机关依法扣押、查封、冻结的财物的；

（二）伪造、隐匿、毁灭证据或者提供虚假证言、谎报案情，影响行政执法机关依法办案的；

（三）明知是赃物而窝藏、转移或者代为销售的；

（四）被依法执行管制、剥夺政治权利或者在缓刑、暂予监外执行中的罪犯或者被依法采取刑事强制措施的人，有违反法

律、行政法规或者国务院有关部门的监督管理规定的行为。

第六十一条　协助组织或者运送他人偷越国（边）境的，处十日以上十五日以下拘留，并处一千元以上五千元以下罚款。

第六十二条　为偷越国（边）境人员提供条件的，处五日以上十日以下拘留，并处五百元以上二千元以下罚款。

偷越国（边）境的，处五日以下拘留或者五百元以下罚款。

第六十三条　有下列行为之一的，处警告或者二百元以下罚款；情节较重的，处五日以上十日以下拘留，并处二百元以上五百元以下罚款：

（一）刻划、涂污或者以其他方式故意损坏国家保护的文物、名胜古迹的；

（二）违反国家规定，在文物保护单位附近进行爆破、挖掘等活动，危及文物安全的。

第六十四条　有下列行为之一的，处五百元以上一千元以下罚款；情节严重的，处十日以上十五日以下拘留，并处五百元以上一千元以下罚款：

（一）偷开他人机动车的；

（二）未取得驾驶证驾驶或者偷开他人航空器、机动船舶的。

第六十五条　有下列行为之一的，处五日以上十日以下拘留；情节严重的，处十日以上十五日以下拘留，可以并处一千元以下罚款：

（一）故意破坏、污损他人坟墓或者毁坏、丢弃他人尸骨、骨灰的；

（二）在公共场所停放尸体或者因停放尸体影响他人正常生

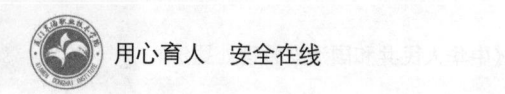

活、工作秩序，不听劝阻的。

第六十六条　卖淫、嫖娼的，处十日以上十五日以下拘留，可以并处五千元以下罚款；情节较轻的，处五日以下拘留或者五百元以下罚款。

在公共场所拉客招嫖的，处五日以下拘留或者五百元以下罚款。

第六十七条　引诱、容留、介绍他人卖淫的，处十日以上十五日以下拘留，可以并处五千元以下罚款；情节较轻的，处五日以下拘留或者五百元以下罚款。

第六十八条　制作、运输、复制、出售、出租淫秽的书刊、图片、影片、音像制品等淫秽物品或者利用计算机信息网络、电话以及其他通讯工具传播淫秽信息的，处十日以上十五日以下拘留，可以并处三千元以下罚款；情节较轻的，处五日以下拘留或者五百元以下罚款。

第六十九条　有下列行为之一的，处十日以上十五日以下拘留，并处五百元以上一千元以下罚款：

（一）组织播放淫秽音像的；

（二）组织或者进行淫秽表演的；

（三）参与聚众淫乱活动的。

明知他人从事前款活动，为其提供条件的，依照前款的规定处罚。

第七十条　以营利为目的，为赌博提供条件的，或者参与赌博赌资较大的，处五日以下拘留或者五百元以下罚款；情节严重的，处十日以上十五日以下拘留，并处五百元以上三千元以下

罚款。

第七十一条　有下列行为之一的，处十日以上十五日以下拘留，可以并处三千元以下罚款；情节较轻的，处五日以下拘留或者五百元以下罚款：

（一）非法种植罂粟不满五百株或者其他少量毒品原植物的；

（二）非法买卖、运输、携带、持有少量未经灭活的罂粟等毒品原植物种子或者幼苗的；

（三）非法运输、买卖、储存、使用少量罂粟壳的。

有前款第一项行为，在成熟前自行铲除的，不予处罚。

第七十二条　有下列行为之一的，处十日以上十五日以下拘留，可以并处二千元以下罚款；情节较轻的，处五日以下拘留或者五百元以下罚款：

（一）非法持有鸦片不满二百克、海洛因或者甲基苯丙胺不满十克或者其他少量毒品的；

（二）向他人提供毒品的；

（三）吸食、注射毒品的；

（四）胁迫、欺骗医务人员开具麻醉药品、精神药品的。

第七十三条　教唆、引诱、欺骗他人吸食、注射毒品的，处十日以上十五日以下拘留，并处五百元以上二千元以下罚款。

第七十四条　旅馆业、饮食服务业、文化娱乐业、出租汽车业等单位的人员，在公安机关查处吸毒、赌博、卖淫、嫖娼活动时，为违法犯罪行为人通风报信的，处十日以上十五日以下拘留。

第七十五条　饲养动物，干扰他人正常生活的，处警告；警告后不改正的，或者放任动物恐吓他人的，处二百元以上五百元以下罚款。

驱使动物伤害他人的，依照本法第四十三条第一款的规定处罚。

第七十六条 有本法第六十七条、第六十八条、第七十条的行为，屡教不改的，可以按照国家规定采取强制性教育措施。

第四章　处罚程序

第一节　调查

第七十七条 公安机关对报案、控告、举报或者违反治安管理行为人主动投案，以及其他行政主管部门、司法机关移送的违反治安管理案件，应当及时受理，并进行登记。

第七十八条 公安机关受理报案、控告、举报、投案后，认为属于违反治安管理行为的，应当立即进行调查；认为不属于违反治安管理行为的，应当告知报案人、控告人、举报人、投案人，并说明理由。

第七十九条 公安机关及其人民警察对治安案件的调查，应当依法进行。严禁刑讯逼供或者采用威胁、引诱、欺骗等非法手段收集证据。

以非法手段收集的证据不得作为处罚的根据。

第八十条 公安机关及其人民警察在办理治安案件时，对涉及的国家秘密、商业秘密或者个人隐私，应当予以保密。

第八十一条 人民警察在办理治安案件过程中，遇有下列情形之一的，应当回避；违反治安管理行为人、被侵害人或者其法

定代理人也有权要求他们回避：

（一）是本案当事人或者当事人的近亲属的；

（二）本人或者其近亲属与本案有利害关系的；

（三）与本案当事人有其他关系，可能影响案件公正处理的。

人民警察的回避，由其所属的公安机关决定；公安机关负责人的回避，由上一级公安机关决定。

第八十二条 需要传唤违反治安管理行为人接受调查的，经公安机关办案部门负责人批准，使用传唤证传唤。对现场发现的违反治安管理行为人，人民警察经出示工作证件，可以口头传唤，但应当在询问笔录中注明。

公安机关应当将传唤的原因和依据告知被传唤人。对无正当理由不接受传唤或者逃避传唤的人，可以强制传唤。

第八十三条 对违反治安管理行为人，公安机关传唤后应当及时询问查证，询问查证的时间不得超过八小时；情况复杂，依照本法规定可能适用行政拘留处罚的，询问查证的时间不得超过二十四小时。

公安机关应当及时将传唤的原因和处所通知被传唤人家属。

第八十四条 询问笔录应当交被询问人核对；对没有阅读能力的，应当向其宣读。记载有遗漏或者差错的，被询问人可以提出补充或者更正。被询问人确认笔录无误后，应当签名或者盖章，询问的人民警察也应当在笔录上签名。

被询问人要求就被询问事项自行提供书面材料的，应当准许；必要时，人民警察也可以要求被询问人自行书写。

询问不满十六周岁的违反治安管理行为人，应当通知其父母

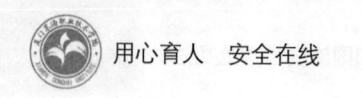

或者其他监护人到场。

第八十五条 人民警察询问被侵害人或者其他证人,可以到其所在单位或者住处进行;必要时,也可以通知其到公安机关提供证言。

人民警察在公安机关以外询问被侵害人或者其他证人,应当出示工作证件。

询问被侵害人或者其他证人,同时适用本法第八十四条的规定。

第八十六条 询问聋哑的违反治安管理行为人、被侵害人或者其他证人,应当有通晓手语的人提供帮助,并在笔录上注明。

询问不通晓当地通用的语言文字的违反治安管理行为人、被侵害人或者其他证人,应当配备翻译人员,并在笔录上注明。

第八十七条 公安机关对与违反治安管理行为有关的场所、物品、人身可以进行检查。检查时,人民警察不得少于二人,并应当出示工作证件和县级以上人民政府公安机关开具的检查证明文件。对确有必要立即进行检查的,人民警察经出示工作证件,可以当场检查,但检查公民住所应当出示县级以上人民政府公安机关开具的检查证明文件。

检查妇女的身体,应当由女性工作人员进行。

第八十八条 检查的情况应当制作检查笔录,由检查人、被检查人和见证人签名或者盖章;被检查人拒绝签名的,人民警察应当在笔录上注明。

第八十九条 公安机关办理治安案件,对与案件有关的需要作为证据的物品,可以扣押;对被侵害人或者善意第三人合法占

有的财产，不得扣押，应当予以登记。对与案件无关的物品，不得扣押。

对扣押的物品，应当会同在场见证人和被扣押物品持有人查点清楚，当场开列清单一式二份，由调查人员、见证人和持有人签名或者盖章，一份交给持有人，另一份附卷备查。

对扣押的物品，应当妥善保管，不得挪作他用；对不宜长期保存的物品，按照有关规定处理。经查明与案件无关的，应当及时退还；经核实属于他人合法财产的，应当登记后立即退还；满六个月无人对该财产主张权利或者无法查清权利人的，应当公开拍卖或按照国家有关规定处理，所得款项上缴国库。

第九十条　为了查明案情，需要解决案件中有争议的专门性问题的，应当指派或者聘请具有专门知识的人员进行鉴定；鉴定人鉴定后，应当写出鉴定意见，并且签名。

第二节　决定

第九十一条　治安管理处罚由县级以上人民政府公安机关决定；其中警告、五百元以下的罚款可以由公安派出所决定。

第九十二条　对决定给予行政拘留处罚的人，在处罚前已经采取强制措施限制人身自由的时间，应当折抵。限制人身自由一日，折抵行政拘留一日。

第九十三条　公安机关查处治安案件，对没有本人陈述，但其他证据能够证明案件事实的，可以作出治安管理处罚决定。但是，只有本人陈述，没有其他证据证明的，不能作出治安管理处罚决定。

第九十四条　公安机关作出治安管理处罚决定前，应当告知

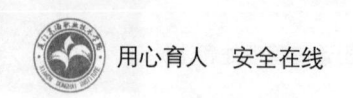

违反治安管理行为人作出治安管理处罚的事实、理由及依据，并告知违反治安管理行为人依法享有的权利。

违反治安管理行为人有权陈述和申辩。公安机关必须充分听取违反治安管理行为人的意见，对违反治安管理行为人提出的事实、理由和证据，应当进行复核；违反治安管理行为人提出的事实、理由或者证据成立的，公安机关应当采纳。

公安机关不得因违反治安管理行为人的陈述、申辩而加重处罚。

第九十五条 治安案件调查结束后，公安机关应当根据不同情况，分别作出以下处理：

（一）确有依法应当给予治安管理处罚的违法行为的，根据情节轻重及具体情况，作出处罚决定；

（二）依法不予处罚的，或者违法事实不能成立的，作出不予处罚决定；

（三）违法行为已涉嫌犯罪的，移送主管机关依法追究刑事责任；

（四）发现违反治安管理行为人有其他违法行为的，在对违反治安管理行为作出处罚决定的同时，通知有关行政主管部门处理。

第九十六条 公安机关作出治安管理处罚决定的，应当制作治安管理处罚决定书。决定书应当载明下列内容：

（一）被处罚人的姓名、性别、年龄、身份证件的名称和号码、住址；

（二）违法事实和证据；

（三）处罚的种类和依据；

（四）处罚的执行方式和期限；

（五）对处罚决定不服，申请行政复议、提起行政诉讼的途径和期限；

（六）作出处罚决定的公安机关的名称和作出决定的日期。

决定书应当由作出处罚决定的公安机关加盖印章。

第九十七条　公安机关应当向被处罚人宣告治安管理处罚决定书，并当场交付被处罚人；无法当场向被处罚人宣告的，应当在二日内送达被处罚人。决定给予行政拘留处罚的，应当及时通知被处罚人的家属。

有被侵害人的，公安机关应当将决定书副本抄送被侵害人。

第九十八条　公安机关作出吊销许可证以及处二千元以上罚款的治安管理处罚决定前，应当告知违反治安管理行为人有权要求举行听证；违反治安管理行为人要求听证的，公安机关应当及时依法举行听证。

第九十九条　公安机关办理治安案件的期限，自受理之日起不得超过三十日；案情重大、复杂的，经上一级公安机关批准，可以延长三十日。

为了查明案情进行鉴定的期间，不计入办理治安案件的期限。

第一百条　违反治安管理行为事实清楚，证据确凿，处警告或者二百元以下罚款的，可以当场作出治安管理处罚决定。

第一百零一条　当场作出治安管理处罚决定的，人民警察应当向违反治安管理行为人出示工作证件，并填写处罚决定书。处罚决定书应当当场交付被处罚人；有被侵害人的，并将决定书副本抄送被侵害人。

前款规定的处罚决定书，应当载明被处罚人的姓名、违法行为、处罚依据、罚款数额、时间、地点以及公安机关名称，并由经办的人民警察签名或者盖章。

当场作出治安管理处罚决定的，经办的人民警察应当在二十四小时内报所属公安机关备案。

第一百零二条 被处罚人对治安管理处罚决定不服的，可以依法申请行政复议或者提起行政诉讼。

第三节 执行

第一百零三条 对被决定给予行政拘留处罚的人，由作出决定的公安机关送达拘留所执行。

第一百零四条 受到罚款处罚的人应当自收到处罚决定书之日起十五日内，到指定的银行缴纳罚款。但是，有下列情形之一的，人民警察可以当场收缴罚款：

（一）被处五十元以下罚款，被处罚人对罚款无异议的；

（二）在边远、水上、交通不便地区，公安机关及其人民警察依照本法的规定作出罚款决定后，被处罚人向指定的银行缴纳罚款确有困难，经被处罚人提出的；

（三）被处罚人在当地没有固定住所，不当场收缴事后难以执行的。

第一百零五条 人民警察当场收缴的罚款，应当自收缴罚款之日起二日内，交至所属的公安机关；在水上、旅客列车上当场收缴的罚款，应当自抵岸或者到站之日起二日内，交至所属的公

安机关；公安机关应当自收到罚款之日起二日内将罚款缴付指定的银行。

第一百零六条　人民警察当场收缴罚款的，应当向被处罚人出具省、自治区、直辖市人民政府财政部门统一制发的罚款收据；不出具统一制发的罚款收据的，被处罚人有权拒绝缴纳罚款。

第一百零七条　被处罚人不服行政拘留处罚决定，申请行政复议、提起行政诉讼的，可以向公安机关提出暂缓执行行政拘留的申请。公安机关认为暂缓执行行政拘留不致发生社会危险的，由被处罚人或者其近亲属提出符合本法第一百零八条规定条件的担保人，或者按每日行政拘留二百元的标准交纳保证金，行政拘留的处罚决定暂缓执行。

第一百零八条　担保人应当符合下列条件：

（一）与本案无牵连；

（二）享有政治权利，人身自由未受到限制；

（三）在当地有常住户口和固定住所；

（四）有能力履行担保义务。

第一百零九条　担保人应当保证被担保人不逃避行政拘留处罚的执行。

担保人不履行担保义务，致使被担保人逃避行政拘留处罚的执行的，由公安机关对其处三千元以下罚款。

第一百一十条　被决定给予行政拘留处罚的人交纳保证金，暂缓行政拘留后，逃避行政拘留处罚的执行的，保证金予以没收并上缴国库，已经作出的行政拘留决定仍应执行。

第一百一十一条 行政拘留的处罚决定被撤销，或者行政拘留处罚开始执行的，公安机关收取的保证金应当及时退还交纳人。

第五章　执法监督

第一百一十二条 公安机关及其人民警察应当依法、公正、严格、高效办理治安案件，文明执法，不得徇私舞弊。

第一百一十三条 公安机关及其人民警察办理治安案件，禁止对违反治安管理行为人打骂、虐待或者侮辱。

第一百一十四条 公安机关及其人民警察办理治安案件，应当自觉接受社会和公民的监督。

公安机关及其人民警察办理治安案件，不严格执法或者有违法违纪行为的，任何单位和个人都有权向公安机关或者人民检察院、行政监察机关检举、控告；收到检举、控告的机关，应当依据职责及时处理。

第一百一十五条 公安机关依法实施罚款处罚，应当依照有关法律、行政法规的规定，实行罚款决定与罚款收缴分离；收缴的罚款应当全部上缴国库。

第一百一十六条 人民警察办理治安案件，有下列行为之一的，依法给予行政处分；构成犯罪的，依法追究刑事责任：

（一）刑讯逼供、体罚、虐待、侮辱他人的；

（二）超过询问查证的时间限制人身自由的；

（三）不执行罚款决定与罚款收缴分离制度或者不按规定将罚没的财物上缴国库或者依法处理的；

附录一 《中华人民共和国治安管理处罚法》

（四）私分、侵占、挪用、故意损毁收缴、扣押的财物的；

（五）违反规定使用或者不及时返还被侵害人财物的；

（六）违反规定不及时退还保证金的；

（七）利用职务上的便利收受他人财物或者谋取其他利益的；

（八）当场收缴罚款不出具罚款收据或者不如实填写罚款数额的；

（九）接到要求制止违反治安管理行为的报警后，不及时出警的；

（十）在查处违反治安管理活动时，为违法犯罪行为人通风报信的；

（十一）有徇私舞弊、滥用职权，不依法履行法定职责的其他情形的。

办理治安案件的公安机关有前款所列行为的，对直接负责的主管人员和其他直接责任人员给予相应的行政处分。

第一百一十七条 公安机关及其人民警察违法行使职权，侵犯公民、法人和其他组织合法权益的，应当赔礼道歉；造成损害的，应当依法承担赔偿责任。

第六章 附 则

第一百一十八条 本法所称以上、以下、以内，包括本数。

第一百一十九条 本法自2006年3月1日起施行。1986年9月5日公布、1994年5月12日修订公布的《中华人民共和国治安管理处罚条例》同时废止。

附录二

《学生伤害事故处理办法》

（2002年6月25日教育部令第12号发布 根据2010年12月13日《教育部关于修改和废止部分规章的决定》修正）

第一章 总 则

第一条 为积极预防、妥善处理在校学生伤害事故，保护学生、学校的合法权益，根据《中华人民共和国教育法》、《中华人民共和国未成年人保护法》和其他相关法律、行政法规及有关规定，制定本办法。

第二条 在学校实施的教育教学活动或者学校组织的校外活动中，以及在学校负有管理责任的校舍、场地、其他教育教学设施、生活设施内发生的，造成在校学生人身损害后果的事故的处理，适用本办法。

第三条 学生伤害事故应当遵循依法、客观公正、合理适当的原则，及时、妥善地处理。

附录二 《学生伤害事故处理办法》

第四条 学校的举办者应当提供符合安全标准的校舍、场地、其他教育教学设施和生活设施。

教育行政部门应当加强学校安全工作,指导学校落实预防学生伤害事故的措施,指导、协助学校妥善处理学生伤害事故,维护学校正常的教育教学秩序。

第五条 学校应当对在校学生进行必要的安全教育和自护自救教育;应当按照规定,建立健全安全制度,采取相应的管理措施,预防和消除教育教学环境中存在的安全隐患;当发生伤害事故时,应当及时采取措施救助受伤害学生。

学校对学生进行安全教育、管理和保护,应当针对学生年龄、认知能力和法律行为能力的不同,采用相应的内容和预防措施。

第六条 学生应当遵守学校的规章制度和纪律;在不同的受教育阶段,应当根据自身的年龄、认知能力和法律行为能力,避免和消除相应的危险。

第七条 未成年学生的父母或者其他监护人(以下称为监护人)应当依法履行监护职责,配合学校对学生进行安全教育、管理和保护工作。

学校对未成年学生不承担监护职责,但法律有规定的或者学校依法接受委托承担相应监护职责的情形除外。

第二章 事故与责任

第八条 学生伤害事故的责任,应当根据相关当事人的行为与损害后果之间的因果关系依法确定。

因学校、学生或者其他相关当事人的过错造成的学生伤害事故，相关当事人应当根据其行为过错程度的比例及其与损害后果之间的因果关系承担相应的责任。当事人的行为是损害后果发生的主要原因，应当承担主要责任；当事人的行为是损害后果发生的非主要原因，承担相应的责任。

第九条 因下列情形之一造成的学生伤害事故，学校应当依法承担相应的责任：

（一）学校的校舍、场地、其他公共设施，以及学校提供给学生使用的学具、教育教学和生活设施、设备不符合国家规定的标准，或者有明显不安全因素的；

（二）学校的安全保卫、消防、设施设备管理等安全管理制度有明显疏漏，或者管理混乱，存在重大安全隐患，而未及时采取措施的；

（三）学校向学生提供的药品、食品、饮用水等不符合国家或者行业的有关标准、要求的；

（四）学校组织学生参加教育教学活动或者校外活动，未对学生进行相应的安全教育，并未在可预见的范围内采取必要的安全措施的；

（五）学校知道教师或者其他工作人员患有不适宜担任教育教学工作的疾病，但未采取必要措施的；

（六）学校违反有关规定，组织或者安排未成年学生从事不宜未成年人参加的劳动、体育运动或者其他活动的；

（七）学生有特异体质或者特定疾病，不宜参加某种教育教学活动，学校知道或者应当知道，但未予以必要的注意的；

（八）学生在校期间突发疾病或者受到伤害，学校发现，但未根据实际情况及时采取相应措施，导致不良后果加重的；

（九）学校教师或者其他工作人员体罚或者变相体罚学生，或者在履行职责过程中违反工作要求、操作规程、职业道德或者其他有关规定的；

（十）学校教师或者其他工作人员在负有组织、管理未成年学生的职责期间，发现学生行为具有危险性，但未进行必要的管理、告诫或者制止的；

（十一）对未成年学生擅自离校等与学生人身安全直接相关的信息，学校发现或者知道，但未及时告知未成年学生的监护人，导致未成年学生因脱离监护人的保护而发生伤害的；

（十二）学校有未依法履行职责的其他情形的。

第十条 学生或者未成年学生监护人由于过错，有下列情形之一，造成学生伤害事故，应当依法承担相应的责任：

（一）学生违反法律法规的规定，违反社会公共行为准则、学校的规章制度或者纪律，实施按其年龄和认知能力应当知道具有危险或者可能危及他人的行为的；

（二）学生行为具有危险性，学校、教师已经告诫、纠正，但学生不听劝阻、拒不改正的；

（三）学生或者其监护人知道学生有特异体质，或者患有特定疾病，但未告知学校的；

（四）未成年学生的身体状况、行为、情绪等有异常情况，监护人知道或者已被学校告知，但未履行相应监护职责的；

（五）学生或者未成年学生监护人有其他过错的。

第十一条　学校安排学生参加活动，因提供场地、设备、交通工具、食品及其他消费与服务的经营者，或者学校以外的活动组织者的过错造成的学生伤害事故，有过错的当事人应当依法承担相应的责任。

第十二条　因下列情形之一造成的学生伤害事故，学校已履行了相应职责，行为并无不当的，无法律责任：

（一）地震、雷击、台风、洪水等不可抗的自然因素造成的；

（二）来自学校外部的突发性、偶发性侵害造成的；

（三）学生有特异体质、特定疾病或者异常心理状态，学校不知道或者难于知道的；

（四）学生自杀、自伤的；

（五）在对抗性或者具有风险性的体育竞赛活动中发生意外伤害的；

（六）其他意外因素造成的。

第十三条　下列情形下发生的造成学生人身损害后果的事故，学校行为并无不当的，不承担事故责任；事故责任应当按有关法律法规或者其他有关规定认定：

（一）在学生自行上学、放学、返校、离校途中发生的；

（二）在学生自行外出或者擅自离校期间发生的；

（三）在放学后、节假日或者假期等学校工作时间以外，学生自行滞留学校或者自行到校发生的；

（四）其他在学校管理职责范围外发生的。

第十四条　因学校教师或者其他工作人员与其职务无关的个人行为，或者因学生、教师及其他个人故意实施的违法犯罪行

为，造成学生人身损害的，由致害人依法承担相应的责任。

第三章 事故处理程序

第十五条 发生学生伤害事故，学校应当及时救助受伤害学生，并应当及时告知未成年学生的监护人；有条件的，应当采取紧急救援等方式救助。

第十六条 发生学生伤害事故，情形严重的，学校应当及时向主管教育行政部门及有关部门报告；属于重大伤亡事故的，教育行政部门应当按照有关规定及时向同级人民政府和上一级教育行政部门报告。

第十七条 学校的主管教育行政部门应学校要求或者认为必要，可以指导、协助学校进行事故的处理工作，尽快恢复学校正常的教育教学秩序。

第十八条 发生学生伤害事故，学校与受伤害学生或者学生家长可以通过协商方式解决；双方自愿，可以书面请求主管教育行政部门进行调解。成年学生或者未成年学生的监护人也可以依法直接提起诉讼。

第十九条 教育行政部门收到调解申请，认为必要的，可以指定专门人员进行调解，并应当在受理申请之日起60日内完成调解。

第二十条 经教育行政部门调解，双方就事故处理达成一致意见的，应当在调解人员的见证下签订调解协议，结束调解；在调解期限内，双方不能达成一致意见，或者调解过程中一方提起诉讼，人民法院已经受理的，应当终止调解。调解结束或者终止，教育行政部门应当书面通知当事人。

第二十一条 对经调解达成的协议，一方当事人不履行或者反悔的，双方可以依法提起诉讼。

第二十二条 事故处理结束，学校应当将事故处理结果书面报告主管的教育行政部门；重大伤亡事故的处理结果，学校主管的教育行政部门应当向同级人民政府和上一级教育行政部门报告。

第四章 事故损害的赔偿

第二十三条 对发生学生伤害事故负有责任的组织或者个人，应当按照法律法规的有关规定，承担相应的损害赔偿责任。

第二十四条 学生伤害事故赔偿的范围与标准，按照有关行政法规、地方性法规或者最高人民法院司法解释中的有关规定确定。

教育行政部门进行调解时，认为学校有责任的，可以依照有关法律法规及国家有关规定，提出相应的调解方案。

第二十五条 对受伤害学生的伤残程度存在争议的，可以委托当地具有相应鉴定资格的医院或者有关机构，依据国家规定的人体伤残标准进行鉴定。

第二十六条 学校对学生伤害事故负有责任的，根据责任大小，适当予以经济赔偿，但不承担解决户口、住房、就业等与救助受伤害学生、赔偿相应经济损失无直接关系的其他事项。

学校无责任的，如果有条件，可以根据实际情况，本着自愿和可能的原则，对受伤害学生给予适当的帮助。

第二十七条 因学校教师或者其他工作人员在履行职务中的

故意或者重大过失造成的学生伤害事故，学校予以赔偿后，可以向有关责任人员追偿。

第二十八条 未成年学生对学生伤害事故负有责任的，由其监护人依法承担相应的赔偿责任。

学生的行为侵害学校教师及其他工作人员以及其他组织、个人的合法权益，造成损失的，成年学生或者未成年学生的监护人应当依法予以赔偿。

第二十九条 根据双方达成的协议、经调解形成的协议或者人民法院的生效判决，应当由学校负担的赔偿金，学校应当负责筹措；学校无力完全筹措的，由学校的主管部门或者举办者协助筹措。

第三十条 县级以上人民政府教育行政部门或者学校举办者有条件的，可以通过设立学生伤害赔偿准备金等多种形式，依法筹措伤害赔偿金。

第三十一条 学校有条件的，应当依据保险法的有关规定，参加学校责任保险。

教育行政部门可以根据实际情况，鼓励中小学参加学校责任保险。 提倡学生自愿参加意外伤害保险。在尊重学生意愿的前提下，学校可以为学生参加意外伤害保险创造便利条件，但不得从中收取任何费用。

第五章 事故责任者的处理

第三十二条 发生学生伤害事故，学校负有责任且情节严重的，教育行政部门应当根据有关规定，对学校的直接负责的主管

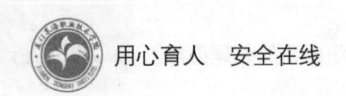

人员和其他直接责任人员，分别给予相应的行政处分；有关责任人的行为触犯刑律的，应当移送司法机关依法追究刑事责任。

第三十三条　学校管理混乱，存在重大安全隐患的，主管的教育行政部门或者其他有关部门应当责令其限期整顿；对情节严重或者拒不改正的，应当依据法律法规的有关规定，给予相应的行政处罚。

第三十四条　教育行政部门未履行相应职责，对学生伤害事故的发生负有责任的，由有关部门对直接负责的主管人员和其他直接责任人员分别给予相应的行政处分；有关责任人的行为触犯刑律的，应当移送司法机关依法追究刑事责任。

第三十五条　违反学校纪律，对造成学生伤害事故负有责任的学生，学校可以给予相应的处分；触犯刑律的，由司法机关依法追究刑事责任。

第三十六条　受伤害学生的监护人、亲属或者其他有关人员，在事故处理过程中无理取闹，扰乱学校正常教育教学秩序，或者侵犯学校、学校教师或者其他工作人员的合法权益的，学校应当报告公安机关依法处理；造成损失的，可以依法要求赔偿。

第六章　附　　则

第三十七条　本办法所称学校，是指国家或者社会力量举办的全日制的中小学（含特殊教育学校）、各类中等职业学校、高等学校。本办法所称学生是指在上述学校中全日制就读的受教育者。

第三十八条　幼儿园发生的幼儿伤害事故，应当根据幼儿为

完全无行为能力人的特点，参照本办法处理。

第三十九条 其他教育机构发生的学生伤害事故，参照本办法处理。

在学校注册的其他受教育者在学校管理范围内发生的伤害事故，参照本办法处理。

第四十条 本办法自 2002 年 9 月 1 日起实施，原国家教委、教育部颁布的与学生人身安全事故处理有关的规定，与本办法不符的，以本办法为准。

在本办法实施之前已处理完毕的学生伤害事故不再重新处理。